陪孩子走过青春期

如何富有智慧地与青春期的孩子相处

[日]菅原裕子 ——— 著

申冬梅 ——— 译

湖南人民出版社·长沙

前 言

前几年，我的女儿经历了初中、高中，这是大多数父母最头痛的阶段。在那段时间，我多方寻求答案，试图了解青春期的女儿，但却效果不大。

经过仔细观察，我发现这时的女儿与小时候不一样了，她的大脑中会不断地蹦出一些超出我理解范围的想法，她的心思也变得难以理解。我时常会觉得困惑："她为什么会这么说呢？""她为什么会做这样的事呢？"因此，为了更了解她，也为了弄清楚该如何做一位青春期孩子的母亲，我进行了大量的学习。

如今，我的女儿已经长大成人了。经过了这样一个特殊时期，我觉得自己已经具备足够的经验，可以将自己的所学、所感，作为"青春期的真相"传达给广大读者了。

当然在这期间，我也多次与青春期孩子的家长进行交流，并且通过这些交流活动更深入认识到家长所面对的各种难题。

本书旨在与家长共同探讨应该如何了解青春期的孩子，并且帮助孩子们顺利成长。要知道，青春期的孩子距完全独立成人只有一步之遥。青春期教育是子女教育的最后一关，只要翻过这最后一道难关，父母就能正式将孩子送上独立的道路了。

为了尽可能顺利地度过青春期，也为了和即将踏入社会的孩子维持更亲密的关系，我们作为父母，一定要竭尽所能做好相应的知识储备，并探索出自己的方法。

每当有机会和人们探讨我的家教理念时，我都会不断地重复："请不要绝对遵循我的观点。"因为我既不是心理学家，也不是教育家，我只是一个在外工作的、平凡的母亲。

与大多数人不同的是，我在企业中从事人才开发和人才培养的工作，所以有机会与不同类型的人打交道，并且有机会学习很多与"人"相关的知识。我在这些知识的基础上不断学习，并结合自己实际教育子女的经验后总结成书，希望能对广大读者有所帮助。

我希望读者在读这本书时，不要抱着"原来如此啊"这样的想法，也不要绝对相信这本书的所有观点，而是将本书作为协助自己思考的一个参考资料。希望读者能多多提出"如果是我，该怎么办呢""这个办法适不适合我家孩子呢"这类的问题。

培养一个人，最重要的是培养他独立思考的能力。想要培养出一个能够独立思考的人，施予教育的一方也必须保持独立思考的状态，这一点非常重要。

在现今这个信息化时代，各种有关子女教育的信息近乎泛滥。

但是我们必须了解，信息只能作为参考来使用，绝对地盲从是不可取的。每个人都要从自己的实际情况出发，结合最新信息来不断进行新的探讨。我希望广大读者能够在本书中获得些许可供参考的信息。

很多接触过我的亲子教育理念的读者可能会说："要是早在10年前就出版这本书该多好呀！"甚至有些读者可能会想："我孩子都长这么大了，现在才看这本书为时已晚啊！"

但是我认为无论孩子长到几岁，只要父母觉得孩子尚未学会"爱与被爱""责任意识"和"体会帮助别人的喜悦"，就需要对他进行"爱的教育"。而且永远不要忘记，我们做任何事的出发点，都是因为爱。

目 录

第一章

**教育子女的
终极目标**

◆ 您希望自己的孩子长大后过什么样的生活呢？

"您希望自己的孩子长大后过上什么样的生活呢？"

被问到这个问题时，你会如何作答？

如果你尚未想过，那么请你试想一下自己的孩子成人后的样子。他，或者她，会成为怎样的人呢？又会过着怎样的生活呢？

我常常会向家长们提出这个问题，得到的回答大多数都是"我希望他过得幸福。"

接下来，我又会问："那么，为了让孩子将来能幸福地生活，您觉得孩子必须学会些什么呢？"

很多家长听到这个问题时，都会立时陷入茫然，无从回答。

我想他们内心是这样的："这个我还真没仔细想过，我也说不清楚。"

我们日常生活中对子女的教育往往有些盲目，很难做到一边为孩子的将来打基础，一边思考当前采取何种行动。

当然这也是有原因的。忙了一天的工作和家事，又好不容易将孩子哄睡的母亲，哪里还有力气去想得那么细致呢？而在外面打拼了一天、疲于工作的父亲，也毫无余力再去思考如何更好地教育孩子。所以，很多父母对子女的教育都维持在最基础的状态，即保护好子女，让他们每天都平平安安，然后按部就班地教育他们。

因此，他们自然也没有想到，自己作为父母的一举一动、一言一行会在不知不觉间影响子女的将来。

即便有些家长深谋远虑，懂得为孩子的将来着想，也多是给孩子报一些补习班或者特长班。

但事实上，如果说孩子有哪项必须开发的潜能是家长要首先考虑的，我认为那就是"人生掌控力"。

◆ 培养独立的孩子

所谓"人生掌控力"，即是重视并享受自己的人生，能够灵活应对生活中遇到的各种问题的能力；是面对困难时，能够坚忍不拔继续前进的能力；是冷静控制自己内心的情感起伏，灵活处理与别人的情感纠葛，与人和平相处的能力；是能够清晰判断对自己来说什么是有益的，什么是无益的，理性构建自己人生的能力；是决定自己生存方式的最基本能力。

从根本上说，这种能力是人类与生俱来的。但它的特殊之处在于，如果不加以引导将无法得到充分发挥。正因如此，我提出了引导这一能力的做法，即教孩子学会"爱与被爱""拥有责任意识"，并"体会帮助别人的喜悦"。

可以说，有了掌控人生能力的孩子就能够独立了。

引导孩子发挥他们这些能力的做法，要以肯定孩子为出发点，即前文所说的"爱"。这里所说的爱是没有条件的，是对孩子的接受和肯定，这也是孩子肯定自己存在价值的最基本条件。只有全面肯定了孩子存在的价值，才能引导他们发挥出与生俱来的能力。

接下来，家长要坚定地相信自己的孩子是一个"可造之才"，在陪伴孩子成长的同时，保护他们"可造"的能力。给孩子以充分的信任，将他们的每一天放心托付给他们自己。并且家长一定要有不管教的勇气，不要轻易出手帮助，即便孩子有处理不了的事情跑来求助，也不要全部包办。充分的信任和放心的托付，将有助于激发孩子的潜能，使他们不得不充分发挥自己的能力。而能力就像一把宝剑，越锻炼越锋利。

凭自己的能力安排自己的每一天，是一种"责任"。对成年人来说，这是自然而然的事情。但是对孩子来说，这种"责任"不是突然迸发出来的，而是伴随着一个人的成长，日积月累逐渐形成的。

我有个朋友是一名职业顾问，在行业里小有名气，她的工作主要是为那些寻找工作的年轻人提供职业咨询服务。她会通过与年轻人谈话来了解他们的能力，并且给予一定的建议。

据她所说，前来咨询的年轻人居然有很多是由母亲陪着来的。而且，她提出的相关问题，也都由咨询者的母亲来回答。这令我非常吃惊。

从这里就可以窥见人生掌控力能力薄弱的孩子的表现了。

年轻人总有一天要脱离父母的庇佑，离开家，找工作，然后创造自己的人生。但是，如果一个人没有从小接受充分的训练，不能充分发挥自己的能力，那么走上自己独立的道路也会变得极其困难。

孩子的独立过程是漫长的，家长要从小就培养孩子学会自立，逐渐将事情交给他们自己来处理。渐渐地，你会发现，孩子在不知不觉间已经可以独当一面了。

◈ 何谓青春期

本书的关键词是"青春期"，它究竟是怎样一段人生呢？让我们试着思考一下与青春期有关的问题吧。

每个人都要从父母的身边完成"数次脱离"才能够长大成人。

第一次，是从母亲子宫中脱离。婴儿要历尽千辛万苦从母亲舒适的子宫中爬出来，才能来到这个世界。与此同时，母亲所受的痛苦也非同寻常。

紧接着的第二次脱离，就是开始学走路。一直依偎在母亲怀中的孩子，必须用自己的双脚站立起来，靠自己的意志行动。在这一阶段，孩子将会一次又一次地体会到摔倒的疼痛。而这一时期，照顾孩子的大人，也会付出相当大的辛苦。

以上两种情况的脱离，基本都是肉体上的。而到这个阶段为止，孩子在精神上都会表现出极强的依赖性。

所谓青春期，正是一个人自我存在价值相对空白的时期。孩子在小学四年级左右，将进入从精神层面脱离父母的时期。从这一时期开始，孩子将逐渐形成自己独立的人格，并因此渐渐远离父母。

初中和高中阶段，更是一个非常特别的时期。孩子既没有完全切断与父母之间的精神羁绊，又开始逐渐确立独特的人格。因而这个时期的孩子，会一直处于极其犹豫不安的状态当中。他们已经与父母之间有了很大空间，却仍不能完全确立自己的独特价值。

这就是青春期。

在这个空白期当中，有一个表现最为明显的高峰期，那就是孩子16~17岁的时候。孩子在长大以后对这一时期的记忆会出现大片空白。我经常听到人们这样说："不知道为什么，那个时期的记忆就像弥漫着烟雾一样，模糊不清。"我想这大概是因为人们在潜意识当中不愿意回想起那些混乱不堪的内心纠葛吧。

曾经有一位家长向我倾诉她儿子年少时的事。她的儿子现在已经工作快3年了，一切都已步入正轨。可是他16岁时，却曾因偷街边的摩托车而被警察逮捕过。她说自己当时完全无法相信自己的孩子会做出违法的事，因为在她眼里孩子一直都很乖巧懂事。

直到很久以后，这位家长又一次与儿子谈起这件事。她问："你当时为什么做那样的事呢？"儿子却回答："我也不知道。那段时间的事，我都记不太清了。"根据她的判断，儿子应该不是试图蒙混过关，那个时期的记忆真的已经模糊了。

虽然我在这里只举了一个例子，但是类似的情况却经常发生。而且犯过类似错误的孩子都有一个奇特的共同点，即经过了青春期之后，那时的经历都被他们忘得一干二净。他们会回归到和别人一样平和的人生轨道，正常地上大学、参加工作等。

我的女儿也是个不得不说的例子。她17岁时非常叛逆，情绪极不稳定，可是上大学后又变回了原来那个活泼开朗的她。事后，每当我说起她青春期的叛逆表现时，她都问我："我那时候真的那么叛逆吗？我怎么一点儿都不记得。"

青春期通常是从孩子10岁左右开始，持续时间大概8年。对孩子来说，这个时期的后半段尤其需要外界的支持。但是让大人们觉得为难的，并不是需要付出的辛苦，而是孩子们对父母的抗拒。

需要别人帮助的同时，却对别人的帮助表现出抗拒。这正是青春期的典型表现。

◆ 爱惹事的青春期孩子

近年来，社会上不断发生各种青少年犯罪事件。看着这些事件，我深切地感受到青春期孩子们的心理是多么敏感脆弱。他们在尚未完全明白事理、对一切毫无防备时，就被送到了社会上，由于种种原因，犯下了不可饶恕的过错。他们毫无防备的样子总在我脑海中挥之不去。

我的这一感觉起源于 2000 年 5 月发生的日本左贺公交劫持事件。那是一辆从左贺出发前往福冈的客车。一名 17 岁的少年劫持了这辆客车，并造成了 1 人死亡、5 人受伤的惨重后果。

面对据守客车的少年，他的父母曾想方设法劝说他从客车中走出来，而警察也抱着同样的希望。

对父母来说，还有什么比眼睁睁看着孩子犯错，而自己却无能为力更悲哀的呢。想到这些父母和这些孩子，我就会不由得心痛。

在这次劫持事件发生之前，那个少年就应该受到全方位的教育。而这一来自父母的教育力量，应当在少年学会控制自己之前负责控制他。

前几日发生了一件事，让我由衷想对一位母亲大喊："请好好管教你的孩子！"

事情发生在一家超市，一位30多岁的母亲带着两个小男孩来买东西。两个小男孩一个7岁左右，一个5岁左右。这两个孩子从进了超市就开始吵吵嚷嚷、打打闹闹，他们不断撞到别的顾客，也毫无歉疚的表现。在他们身边买东西的人都频频皱眉，不胜其烦。

而他们的母亲始终一脸无所谓，只是偶尔小声嘟囔一句："你们安静一点儿。"而且说的时候根本就没看着孩子，完全像在自言自语，起不到丝毫作用。

我在旁边观察了他们很长时间，也一直在期待那两个小男孩撞到我。这样我就有机会和他们说话了。

可是，事与愿违，两个小男孩撞到了一个和我年纪相仿的女性。那位女性相当烦躁，她直言不讳地训斥道："这里不是公园！跑来跑去的像什么样子！"可是，小男孩们的母亲却装作什么也没听见，继续买她的东西。

看到母亲这样的态度，两个小男孩也就无所谓了，甚至还恶意模仿那位女性，怪腔怪调地说："这里不是公园！跑来跑去的像什么样子!"

那一瞬间我就在想：如果这两个小男孩是我的孩子，如果他们很小的时候就因为犯类似的错被惩罚过，他们的表现又会怎样呢？

对于孩子，在他们对别人做出失礼的事之前，就应该好好管束他们的行为。孩子就是从家长纠正他们错误的过程中，慢慢学会控制自己的。

一个孩子，如果未经外部的管教长大，一旦过渡到青春期，就会无法自控。这样的孩子通常都不懂得考虑行为后果，就好似一头冲进玻璃餐具店的疯牛，不但会伤到自己，也可能会伤害到他人。

因此，为了不让孩子受到更大的伤害，我们做为父母，必须教会他们什么该做什么不该做，即便这个过程中会伴随些许伤痛，也绝不能放松警惕。

教会孩子自立，是引导孩子走向幸福人生的必经之路。而自立这一能力，却不是无师自通的。自立是一种特殊的智慧，必须经由父母的指引，才能发挥应有的效用。

对孩子来说，有些很重要的能力，看似不必特意教育他们也能轻松掌握。但事实上，能够做到这一切是因为有学会上述能力的环境。正因如此，孩子成长到一定年龄之后，我们做为父母，就必须为他们创造一个全新的环境，并通过这一环境培养他们长大成人。

◆ 如何看待曾经保护孩子的"两道屏障"？

让我们试着回想一下，我们的上一辈是否像今日的我们一样，如此认真地思考孩子的教育问题？我们的父母又是否如今日的我们一样，对如何构建一个培养孩子的环境如此重视？

答案显然是否定的。在我们小时候，父母似乎从未苦恼过如何教育子女，而我们却顺理成章地长大成人了。

那么，是什么促成了这样的结果呢？我想是当时的社会环境本身就具备教育孩子的能力。

其中一个要素，是人们在同一生活地域的地缘联系。过去，邻里之间会有一种很强的互助协作意识，人们愿意帮助对方保护孩子和教育孩子。

还记得有一次，我家隔壁的玄关墙壁，不知被谁家小孩乱写乱画了一大片。隔壁的爷爷就把住在这附近的小孩都叫到了一起，当然也包括他自己的孙子。最终查出来，那些涂鸦都是我哥哥的"杰作"。于是哥哥被隔壁的爷爷痛斥了一顿。

可是，家长们却从不会因为这样的事而产生任何纠纷或者不愉快。大人可以教育犯错的小孩，这是所有人之间无须分辩的共识。

还有一件让我印象深刻的事。我家附近有一个跟我同班的小孩总是逃学，因为他父母很早就出门上班了，他便趁机不去学校，一个人在家睡懒觉。我母亲发现这件事之后，就经常骑自行车把他送到学校去。在我母亲看来，自己既然发现了小孩的错误，那么帮助他改正是再正常不过的事。过去的人们就是这样教育孩子的。

此外，还有一些让孩子们"又敬又怕的人"，可以随时约束孩子们的言行。这种所谓的"又敬又怕的人"是令人尊敬和具有威慑力的，当我们面对他们时，都会或多或少地感到紧张。比如，"父亲"就是具有这样色彩的人，还有"学校老师""警察"等。

另外还有一些来历不明、听起来有些可怕的民间传说，也可以起到震慑作用。比如，传说说谎的人会被阎王拔掉舌头；如果舔饭勺上粘的饭粒，就会变成嘴巴特别大的怪小孩等。这些传说虽然可怕，但是它们也教会了孩子遵守某些规矩。

通过这些"又敬又怕的人"或者有些可怕的传说，我们逐渐感知并且学会了生存的规矩，明白了哪些事的底线是不能逾越的，哪些错误是不能犯的。

也就是说，曾经的我们是在大人们的爱护下，在那些我们看不到的社会环境中踏上自立之路的。而这些存在就像一层层屏障，保护着我们，教育着我们，直到我们长大成人。大人们的爱护将我们包围起来，与危险隔离。而那些令人"又敬又怕的人"或者有些可怕的民间传说，则是通过教会我们不要逾越规矩，学会控制自己，以此来间接保护我们。

但是，在这两道屏障的内部，作为孩子的我们却是无比自由的。因为那时社会还处于快速成长的初期，人们的生活还很贫穷，为了让全家人生活得更加富足而拼命工作的父母们，根本无暇顾及其他，更无暇干涉孩子们的生活。

◈ 我们正处在一个对孩子缺乏保护的时代

在社会经济高度发展的当下，随着整个社会思想更加成熟和信息化的进步，社会为孩子提供的屏障却在日渐崩塌。

人与人之间的地缘联系正在逐渐瓦解，人们没时间把注意力放在别人的孩子身上，甚至如果对别人的子女指手画脚，还会不小心惹来麻烦。

缺少了约束，不懂得敬畏的孩子们，可能会肆意妄为。可悲的是他们并不知道自己的行为是错的，因为他们未受过应有的约束和教育，他们不知道这世界上存在着各种不能逾越的界限。以往，父母教我们要尊师重道。但现在呢？老师不再是永恒的权威，而且理所应当要足够优秀。一旦老师有不够周到的地方父母会公开批评老师，评论老师的缺点。孩子们看到父母批评老师，就会失掉对老师的敬畏心。

这个时代还是一个讲究科学的时代。现在告诉孩子说谎会被阎王拔掉舌头，或舔饭勺会长成大嘴巴的怪物，孩子已经不会相信了。

过去那些令人敬畏的存在，渐渐都从我们的生活中消失了。潜在的负面影响就是，孩子们失去了阻挡他们逾矩的屏障。在这个时代，任何权威都能被挑战和撼动，而这种悄然的变化，需要家长们用心察觉。

如果界限不能被及时建立，孩子们将暴露在无所畏惧的世界中。他们很难控制自己、保护自己，甚至可能沉迷于吸毒或者实施各种各样的犯罪行为，他们也可能会拒绝长大，让自己置身于各种不切实际的幻想之中。

◆◆ 这是一个连成年人也感到迷茫的时代

世界发展到今天，我们走入了一个可以任意选择人生的时代。人们早已冲破传统观念的束缚，开始按照自己的选择安排自己的人生。于是，一个很重要的问题被摆在面前——我们该如何过这一生？

当孩子可以自由选择人生道路之后，他们需要思考的已经不是我"应该"如何生活，而是我"想"、我"希望"如何生活。

因此，假如一个人不清楚自己想要怎样活着，就会很容易迷茫，觉得自己一事无成，或者活着毫无意义，进而被长时间的焦躁感困扰。

还有一个问题。人生的选择是多种多样、纷繁复杂的。如果人生道路由自己选择，那么由此而延伸出的所有选择和问题，也要有自主决定的意志。

假如我问："这一辈子，你到底想做什么？"你会怎样作答呢？

可能很多人都回答不出来吧。我们的社会上有很多在找寻自己生存方式的"精神难民"。扪心自问，你是否曾因不知道自己想做什么而迷茫呢？你又是否曾经因为怀疑目前的生活方式而焦躁不安呢？

很多人会在工作中多次提到想辞职，但如果问他们："你辞职之后，打算做什么呢？"他很可能会回答："其实我也不知道，但我想总会有更适合我的生活吧。"这就像有些心血来潮去逛街的人：感觉自己好想买东西，就走出了家门，可是到了街上却发现没有目标，千挑万选之后仍然不知道需要什么，最终累得路都走不动了，只好两手空空地回家。

在一些演讲会上，我经常被听众朋友问到这样一个问题："孩子都已经是中学生了，却还没有明确的人生目标。这种情况要怎么做才好呢？"每当听到这样的问题，我都会一时语塞。

我想说：假如一个中学生已经明白自己想要什么，那他真的非常幸福。但是如果他并不知道自己想要什么，也不是什么不幸的事。让一个仅仅度过了 14 年人生的孩子来做这样高难度的选择，本身就很困难。

教育子女也是同样的道理。现在社会上流行着各式各样的子女家教方法，选择哪种方式都是家长的自由。

但是困难在于，正是这些过量的信息令家长们迷茫。

我家附近住着这样一位年轻的母亲。她将孩子送到了早期婴幼儿学校去接受启蒙教育。后来，她又听说别的母亲送孩子去学音乐或体育之类的特长。于是这位母亲有些动摇了：自己是不是也该像别人一样送孩子去学习一些技艺呢？因为在她看来，别人说不定知道什么自己没掌握的信息，如果自己不跟着做的话可能会耽误孩子的前程。因此，她又学着别人将孩子送去学习各种才艺，并对此充满期待。

◈ 从现在开始学习还不晚

我在各种主题演讲上，发表过很多教育孩子的新观点，其中有些甚至会令家长大惑不解。

我在演讲之初会提前声明："请在座的各位，不要绝对相信我所说的话。"之后我又在演讲中说："不要随意夸奖孩子。"甚至我还说："千万不要相信孩子说的话。"往往到了演讲的最后，与会者会质问我："你说了这么多，到底是什么意思呢？"

事实上，我发表的很多观点，都是对人们盲目相信别人的话甚至所谓专家之言的警告。

家长们要做的，不是对别人的话照单全收，而是必须认真思考作为一个人，人生到底是什么？对我们的孩子来说，真正的幸福又应该是什么样的？

在这个高度信息化的时代，信息每日更新，新内容新观点也不断涌现。这些信息每一个看起来都极具道理，很有说服力。但是，这些信息也存在很多陷阱。

我们要作出怎样的调查分析，才能判断出它对自己和孩子是否有益呢？我们应该如何思考，对自己和孩子来说，才是最好的呢？我们是否不应该相信偶然听来的信息，放弃那些传统的简单方法呢？

例如，很多家长听到"鼓励式教育法"时，就会马上赞同，不去理解这一方法的适用情况，直接在孩子身上实行。殊不知有时一味地夸奖孩子，会给孩子的成长埋下隐患。

被过度夸奖的孩子，都会有一个共同的问题。他们自视甚高，很难感受到现实的打击，不能脚踏实地，也很少面对失败。这一情况无论对他本人，还是对周围的人来说，都蕴藏着危机。

在过去的时代，适度夸奖孩子确实是非常重要的。

因为孩子们多数时候都是小心翼翼并且含蓄的。在这种情况下，偶尔有一两个人夸奖他们的话，可以帮助孩子减少犯错误的概率，使他们树立自信心，是孩子认可自己的重要因素。

但是，在更加自由开放的当下，如果过度夸奖孩子，可能会徒增孩子的自我膨胀感，使他们缺乏客观的自我评价，而这种错误的思想，总有一天会产生不利的结果，阻碍孩子的未来发展。

其实，父母不应该只是学"鼓励式教育"这个概念，而应该理解这个概念背后与实际结合的方法。

所以，只要接触各种各样的信息，家长们都能得到一些启发。只是，这些极其宽泛的的信息是否适用于自己家的孩子还有待进一步思考。

因此，家长们需要做的就是拿出时间和正确的态度，仔细审视孩子的成长环境以及性格特点、现实表现，并由此深入地思考，什么对孩子来说才是最好的？

针对孩子的探讨，就此告一段落。我建议，从眼下开始，家长朋友们要深入思考子女教育的问题。如果父母没有深思熟虑，没有自我反省和反思，没有和孩子心灵相通，是无法帮助孩子们健康成长的。所以从当下开始，把自己当成一位初学者，先来鞭策你自己的成长吧！

第二章

拿什么教育你，
我的孩子

◆ 孩子的自立和自律

孩子的自立和自律是相辅相成的，在孩子的成长过程中，对以上两种特质的培养缺一不可。而且，一个孩子在学会自律的同时，自然也能掌握自立的奥义。

让我们先谈一下"自立"。我建议家长们在孩子上小学之前，也就是6~7岁之前，一定要在孩子心中播下自立的种子，让他们拥有基本的自立意识。

而基本的自立意识与基础体力相似，是一种无论做什么事，都能够持之以恒，不轻言放弃的能力。如果我们在孩子心中播下了自立的种子，经过孩子夜以继日地用心浇灌，总有一天它们会开花结果的。

自立的孩子会学着每天自己上学；自觉地学习功课；与同学们及同龄人交朋友，并维持良好的关系；主动尝试与老师和父母以外的人交流；灵活冷静地处理各种突发问题和状况。

孩子成长的另一个至关重要的因素，就是"自律"。也就是自我约束的能力。

自律对青春期的孩子尤为关键。因为这一时期的孩子正在寻找和构建与儿时完全不同的自己。所以有些时候他们会行为过激，甚至在处理某些感情问题或者在思考某些观点时陷入极端情绪。

因此，自律绝对是一个青少年不可或缺的能力。

从某种程度上来说，自律是一个人对自己的掌控。要求一个人能在瞬间判断是非、善恶，或者预见某一行动的后果，并成功控制自己。如果一个人同时能够考虑自己的行为对周围的人和事的影响，那么，我们就可以说这个人已经学会自律了。

那么，家长究竟应该教孩子些什么，才能促使孩子自立和自律呢？接下来，我们就来探讨这个问题。

◆◆ 每个人都有专属于自己的人生价值

对一个正处于青春期的孩子来说，最重要的就是认清自己的存在价值和找到一个真正属于自己的位置。

我们或许没有注意到，青春期是一个有些尴尬的时期。青春期的孩子虽然没有与父母完全分离，却已经开始试图冲破父母的束缚，寻找专属于自己的个人价值。他们既不与父母是一体的，又尚未找到自己的存在意义。正是这种特殊的空白感构成了青春期的基本特征。

为了填补这份空白，青春期的孩子们必须拥有一个可以完全容纳自己的空间。这一空间接受他们，肯定他们，让他们觉得自己被需要。而这种被需要感是一种自我价值得以实现的体现。

我们之所以为校园暴力感到愤怒和伤心，是因为在校园暴力中会有孩子受到伤害。如果一个孩子在学校长期被人欺负，却又一直被忽视，这个孩子一定会开始怀疑存在价值，会缺乏归属感。

这个时候假如老师和家长不向他伸出援手，这个孩子很可能会完全否定自己的存在价值，外在表现可能就是轻生。所以，为了保护受伤的孩子们，我们必须教孩子认清自我的价值以及他人的价值，并尽可能地让他们有真切的感受。

通过这种方式，可以在孩子心中培育反抗暴力的意识。

这是一切关于校园暴力的对策当中最重要、最根本的办法。而给予孩子存在价值的根源，则来自家人毫无保留的"爱"。

首先，我们必须让孩子们明白他们是父母生活中极其重要的一部分，家庭是他们身体和心灵的避风港。家长要让孩子相信，即便他在外面受到欺负，在家里仍然有全心全意深爱他的爸爸和妈妈。

很多家庭也会有兄弟姐妹和爷爷奶奶。不管怎样，全家人需要做的是全力打造一个充满爱的乐园。这并不一定意味着从不吵架。孩子需要的是情感的维系，而家人正是这种联系的构建者。

◆◆ 我的人生我做主

前几日，有个客人带着小孩来见我。

小孩是个 4 岁左右的女孩。看到了桌上放的点心，小女孩有些馋了，悄悄地在她妈妈耳边说了什么。我已猜到她的想法，但是我什么也没表示。接着，她妈妈好像是在小声鼓励她，女孩子终于对我说道："阿姨，我可不可以吃一块点心？"在她伸出手的一瞬间，我开心地笑着对她说："自己拿吧。"于是，小女孩得到了她想要的东西。

我女儿小时候也经常遇到类似的情况。比如，在一些儿童用品商店可以拿到小玩具，或者装饰用的气球等。每当女儿跟我说"妈妈，我想要那个"时，我都会告诉她："不是你想要的吗？所以你自己去拜托人家给一个吧。"

我不赞成家长代替孩子去取得他们想要的东西，因为我们必须让孩子们切实体验到，他们通过努力得到东西的真实感。他们也可能会碰壁，但这样这也是一种锻炼。

总之，我们必须让孩子尽可能地体验到自己的行为所产生的结果。

这一点在学习上也同样重要。

我的女儿中学的6年都是在同一所学校读的。女儿初中入学考试的成绩可谓惨不忍睹。学校甚至还专门给我寄了封信，信上写着："我们认为您孩子并不适合读我们学校。"我收到成绩单和信之后只是一笑置之，还和女儿开玩笑说："听说这样的信收到3封，就只能退学是吧？"之后，有关考试结果的事，我们就再也没提过。

很快，我女儿就成了好几门科目全校前100名的常客。虽然某些科目的考试成绩还是垫底，但我认为这并不影响什么。因为女儿可以通过自己的努力，确认自己擅长什么，不擅长什么，自己究竟要怎样做才能取得不错的成绩。孩子就是在这样的探索中逐步成长起来的。慢慢地，她就可以脱离父母的管束，学会用自己的能力创造美好生活。

我们的一言一行，作用到周围的环境上一定会有相应的反应。比如，我们伸手向人要东西时，别人会同意或者拒绝。又比如，我们努力学习就会取得好成绩，或者并非如此。

因此，有了自主行动的意愿，就会进一步思考实现目标的方法。孩子们会在实际生活中，通过自己的思考和感觉逐渐掌握其中的技巧。

而充分理解这些方法的人，则会燃烧起斗志，想办法将自己的人生过得更加精彩。因为他们已经明白，命运是掌握在自己手里的，自己的人生由自己做主。他们心里也非常清楚，天上不会掉馅饼，如果不努力就什么也得不到。

相反，如果一个人从来没机会自己做决定，他们就永远也不会明白自己的人生应该由自己做主。如果父母经常性地干涉孩子，帮他们做这做那，孩子就会习惯性地依赖父母，最终无法自己做任何选择。

前文中提到的那些咨询工作还需要父母陪同的年轻人就属于这种情况。恐怕他们从小就由父母代替处理大小事，以至于连自己的人生也由父母掌控了吧。

"18 岁以后就是自己的人生。"如果孩子过了 18 岁，还离不开父母，家长就应该认真思考一下，自己的教育方式是否有偏差。因为这样的孩子未来的路可能会困难重重。

◆ 为了与他人保持良好的关系，要学会表达自己

维持一个人与外部之间联系的是对彼此的理解。一个人与家人、朋友、老师或者其他人的联系，都建立在互相理解的基础之上。可以说，互相理解是人际关系开始的前提。

而交流则是让人际关系向良性发展的重要基础。正因为我们与不同的交往对象进行了各种有效的交流，我们才能与周围的世

界保持良好的关系。而这一切，皆始于对自己进行充分和有效的表达。

近些年，当被问到担心孩子哪方面的问题时，很多人都会回答孩子的交流能力很低。如今孩子们的人际关系时常出现问题，交流能力是造成这一结果的重要因素之一。

因此，家长们一定要重视培养孩子的交流能力，使他们能够充分地与人交流，适当地表达自己，与周围的世界构建起良好的关系。

曾经有一个例子，一位母亲带着一大堆行李上了一辆公交车，身边还带着一个4岁左右的小女孩。不一会儿，小女孩撒娇地向妈妈发出了一串咿咿呀呀的声音，根本不是一句完整的话。可那位母亲马上明白了小女孩的意思，麻利地拿出饮料递给小女孩。

过了一小会儿，那位母亲又什么也没说直接将小女孩的塑料瓶收了回来。没过多久，小女孩又发出了一串咿咿呀呀的声音。不出所料，母亲仍然是一言不发地从口袋里拿出一小块糖，塞到了小女孩嘴里。

小女孩安静了好一阵子，然后又从嘴里发出了一串外人听来与刚才完全一样的声音，于是母亲再一次把饮料递给了小女孩。这次两个人终于开口说了一两句话，也总算让我安心了——原来这个小女孩会说话啊。

看着这对母女的交流方式，我不禁联想到杂志上的一篇报道，标题是："不会说话的孩子"。报道中举出了一个实际例子：某家有这样一个小孩，不论别人问他什么，他都只回答一两个字，完全不懂表达自己的感情。后来有一天，这孩子突然和父母断绝了关系……

当孩子不愿意说话而是用其他声音来表达要求时，我们应该尽量引导孩子使用语言。例如，我们可以问他："你想要什么呢？"通常情况下，孩子即便有些口齿不清，也会学着用语言表达。这样的引导从孩子能说话时就应该开始了。

但有些家长却往往忽略了这部分教育。因为他们每天都和孩子在一起，只要孩子发出有所指向的声音，他们马上就能明白孩子想要什么。这样无声的交流方式，显然无益于孩子养成表达能力。

语言是自然赋予人类进行沟通的重要工具。一个人能否灵活运用这一工具则完全取决于成长的环境，取决于这一环境是否要求他进行表达，以及应该怎样表达。

我家孩子小的时候，也经常发生表达的问题，有什么不顺心的事就哼哼唧唧地哭开了。这时我一定会问他："你为什么哭啊？"然后要求孩子用语言来回答。

为了构建良好的人际关系，家长们一定要重视培养孩子的交流能力。并且这方面的教育不应该随着孩子长大而终止。

我哥哥小时候是个聪明伶俐而又能说会道的小孩，可是上中学之后，可能因为进入了青春期，他突然变得不爱说话了。

有一天，哥哥从学校回来之后对着妈妈"哎"地喊了一声，好像是在要什么东西。那个时候妈妈一定知道哥哥想要什么。可妈妈却用有些滑稽的腔调回答道："什么'哎'呀，我可听不懂。"于是哥哥又说："我可是你儿子。"妈妈仍然用滑稽的腔调说："儿子又怎样？听不懂就是听不懂。"

虽然这只是玩笑，但是无论对于幼儿还是青春期的孩子，教育的宗旨是永远也不会变的。

◆ 孩子需要管住自己

有些专家认为，为了让青春期的孩子，特别是男孩子，顺利度过这个时期，可以鼓励他们进行各种体育活动。通过参加剧烈的体育运动，消耗掉孩子们过于旺盛的精力，使他们无暇顾及其他。提出这一方案的专家，他的孩子从高中到大学都在橄榄球俱乐部，当学习和橄榄球占据了孩子的全部时间，他便很难再去关注一些不好的事物。

家长必须正确认识到：对孩子来说，家长既是暴风雨来临时的避风港，也是帮助孩子掌控自己的力量源泉。

下面为大家介绍一位父亲成功约束儿子的例子。

有一次，我的一位朋友和她儿子因为一点小事发生了口角。

儿子一时激愤，挥舞着的手无意中打在了她身上。从表面看就是孩子打了自己的妈妈，而这一幕刚好被爸爸看到了。爸爸生气地大吼道："你这浑小子！连妈妈都敢打！"然后狠狠地教训了儿子一顿。那是孩子第一次尝到爸爸的铁拳。

过了一段时间之后，突然听说朋友儿子的好朋友们集体离家出走了。可是，朋友的儿子却没和那些孩子一起走。而且听朋友说，她儿子还是那一帮朋友的大哥。

后来，朋友专门问过儿子当时为什么没和其他人一起离家出走。虽然孩子的回答让朋友忍不住发笑，但是她也确实感受到了父亲对孩子的威慑力有多大。

儿子没有离家出走的原因有两个。一个是"没钱交离家出走的专项会费"；还有一个是"万一被捉回来，一定会被父亲痛打一顿"。仅被体罚了一次，她的儿子就记住了这个教训，而这个疼痛记忆也成了控制孩子的力量。

在这里也要补充一点，体罚绝对不是解决问题的途径。如果一直对孩子施以暴力的话，那么情况可能会向不可控的方向发展，甚至会与父母的初衷背道而驰。过多的体罚只会增加孩子的痛苦和恨意。

这里，父亲的拳头象征的是震慑孩子、使他们不敢叛逆的力量，这与前文中所提到的那些令人又敬又怕的存在是类似的。有了这些，孩子们才能明白做人要严于律己。

◆◆ 让孩子有意识地自主选择

有多少人能清醒地认识到，人生是自己不断进行选择所带来的结果呢？通常，发生好事的时候，很多人会认为那是自己努力得来的。可是，每当发生不好的事情时，很多人却会怨天尤人，甚至将一切归咎于客观环境。

我们现在拥有以及面对的一切，都是我们选择的结果。只是很多人没有意识到自己时刻都在进行选择。

因此，有一件事情至关重要，那就是有意识地进行选择。也就是清醒地认识到"不是别人，而是自己在做选择"。这可以使人萌生责任意识。而所谓责任意识，是一种对自己的选择全权负责的认知。

孩子年幼时，绝大多数的选择都是父母替他们完成的。虽然如此，我们仍需要从小就对孩子进行选择训练。因为人是一种很有趣的动物，不管多么年幼，都会对自己的选择具备超乎寻常的责任心。

下面我就举一个实际例子。

一位母亲有一个3岁的儿子非常讨厌刷牙，每次让他刷牙都要把母亲累个半死。于是母亲灵活地运用了"选择教育"的方法。

她让孩子自己选择牙刷。当时儿子选了一个有些大的牙刷。如果是以前，她一定会对儿子说："那个你用太大了，你看这个才刚好呢。"然后按自己的意思给他选个合适的。可是这一次她顺从了儿子的选择。

结果，向来讨厌刷牙的儿子居然开始自觉刷牙了。

不管多小的孩子，只要是他们自己的选择，他们就会愿意承担相应的责任，就一定会影响他们的行为。

孩子一天天长大，我们应该逐渐让他们参与各种重要的选择，直至最终将那些具有重大意义的选择交给孩子。

总而言之，有意识地进行选择是极其重要的。真心希望家长们尽量培养孩子自己进行选择的好习惯，这对于他们百利而无一害。

这是我朋友的真实体验。她的儿子从小学3年级开始就怎么也不肯去学校了，直到上中学也不曾去过学校。这令我的朋友非常苦恼，于是她开始辗转于各个家长培训机构。

她从培训机构学到了选择的重要性，于是她正式与儿子进行了一次谈话。她给了儿子两个选择：一个是去上学，一个是不去上学。结果儿子选择了不去。这是儿子自主进行的一次选择。

于是，她从此不必继续背负着让儿子去上学的压力，因为这是儿子自己的选择。他不是没有条件去上学，而是他自己不愿意去。

自那以后，朋友儿子的情况发生了惊人的逆转。他在初中二年级时，自觉地选择了去上选修课。负责该科目的老师也功不可没。那位老师得知这个孩子擅长音乐，于是适当地调整了音乐课的内容，尽最大可能地帮助朋友的儿子发挥他的特长。后来，在初中三年级时，朋友的儿子终于下决心参加高中入学考试，而在这之前，他只上过选修课。

朋友说她听到儿子决定考高中时惊得目瞪口呆。回过神来后，她问儿子为什么突然想读高中了。其实，她是想让儿子明白这是他自己有意识的选择。儿子回答说："我就是想多和同龄人交流，想多学学和同龄人打交道的方式。"

于是，朋友的儿子开始认真准备入学考试，然后顺利升入高中，并且安稳度过了他的高中时代。

"做不到"和"不想做"是天差地别的两回事。说自己"做不到"时，人的心里没有选择。但是，"不想做"则不同，一个人选择"不想做"时，"想做"这个念头会出现在他的脑海中，不断影响着他。

在这一点上，我本人也有相似的体验。

我女儿刚上初中时，觉得自己对新环境很不适应。而且这种不适应严重到影响了她的日常生活，甚至使她患上了严重的厌食症。

终于在一天早上，女儿对我说："我今天不想上学了。"我和她聊了一会儿之后说："那你决定到底去还是不去，再给我个理由，不然我怎么跟你们老师说呢？"

女儿还是选择了不去上学，然后对我说："你就跟老师说我身体不舒服吧。"于是，我就按照女儿说的做了。那一天，女儿没去学校，但是度过了开心的一天。第二天，她又像什么事都没发生一样，高高兴兴地去上学了。

对于不想去学校的孩子，很多时候并不是因为学校是一个地狱般的地方。一定是有什么原因让他们产生了不想去的念头。这个时候如果我们让他们有意识地权衡利弊，那么选择不想去的同时，他们也会意识到自己也可以选择想去。

随着孩子年龄日渐增长，有意识地进行选择的能力也会逐渐完善。为了让孩子们在自己的人生旅程中更准确地做选择，希望家长们不断帮助孩子进行类似的练习。

为了达到这一目的，家长们自己也要有意识地作出各种正确的选择，这一点至关重要。

◆ 包容自己，包容他人

要与人和谐相处，就要拥有接受不同意见和看法的能力。

我们在年幼的时候，很容易只在乎自己的意见。什么事都以自我为中心，不关心别人的看法。

随着逐渐成熟，我们开始学着留意周围的目光，也开始注意到有时别人的想法与自己的不一定相同，无论看法、想法还是感觉，都会因人而异，千差万别。当有一天我们除了拥有自己的思想之外，还会站在别人的角度去看问题时，我们才是真正地长大了。

我曾遇到过很多不明白这个道理的家长。他们虽然已是成年人，却仍然不懂每个人都有自己看问题的视角。当孩子的品性与自己的品性相去甚远时，这些家长就会无法接受。

例如，通常情况下，家长作为成年人，情绪会比较安稳温和。可是孩子们正处于精力旺盛的青春期，他们的表现会与此相反，容易过激和愤怒，而这些过激的行为则会不时地让孩子成为被质疑和批评的对象。可能孩子本人觉得没什么大不了的，周围的大人却会觉得孩子是在胡作非为。结果家长会对孩子大发雷霆。

有一位母亲就是因为这一类原因，觉得对儿子让全家人整日遭受别人的白眼，并为此深感不安。所以她常常责备行为过激的儿子，或者没完没了地唠叨。她的儿子也越发受不了这样的母亲，变得更加叛逆，不断触碰母亲敏感的神经。

教会孩子接受不同看法和意见的第一步，就是家长本身要学着接受不同的看法和意见。通常需要做到以下两点：

（1）要明白双方的想法和感受不同是常态；

（2）站在对方的立场上来理解他的一言一行。

这里我还要提示一点，我们虽然采取包容对方的方式来处理问题，但这并不意味着对方一定是对的。我们也可能发现，无论从哪个角度看对方都是错的。只是，如果我们肯站在对方的立场上，试着包容和体谅，就会发现有时别人的一些做法也是可以理解的。

对家长来说，孩子逐渐接受不同的看法和意见的过程是发人深省的。就拿我的女儿来说，她对于新接触的人和事抱有很强的包容心，甚至能够理解那些恶劣的校园暴力施暴者，她曾经表示过："会做那些事的人，一定有什么心理阴影吧？说不定受过什么伤害呢？"

女儿从小就对做各种手工活很感兴趣，从小学开始就经常自己做些刺绣、布娃娃之类的小玩意。每次完成什么作品，她都会拿到学校去给老师和朋友们看。

有一次，女儿高高兴兴地拿着一个刺绣坐垫去了学校，然后上家政课时将坐垫拿给老师看。谁知老师居然当着同学们的面批评刺绣坐垫的针脚不整齐，一点儿也不好看。

女儿放学回来后专门跟我说了这件事。看着女儿失望的样子，我不由得火冒三丈，但是在孩子面前我还是强忍下来，尽量平静地说道："你们老师怎么能那么说呢？她到底在想什么？"

我试图罗列一堆理由来安慰女儿："可能也是，家政老师当然很懂刺绣了。""也许正是因为她是家政老师，所以看不得刺绣的针脚不整齐吧。""说不定她是想激起你的竞争意识呢。""也可能是她心情不好。""说不定她肚子饿了呢。"可是女儿却平静地说了一句话，马上就让我安静下来。她说："这就是她原来的性格吧。"

人和人终究是不同的。只有家长主动接受子女与自己的不同之处，包容理解他们，孩子们才会在此基础之上不断成长和进步，并且终有一天他们也会明白，自己应该如何和那些与己相异的人交往。

第三章

家长的立场

◆ 家长是孩子最好的老师

很多家长常常认为自己不是一个完美的家长，并长期为此感到困扰。

前些天，在我的一次讲演之后，有一位高中生的母亲说："您书上写的，都是只有您本人才能做到的。像我的话就……"然后就再也说不下去了。

当然，每个人的个性千差万别，也是自己无法超越的。而充分考虑到个性的丰富性来进行理想的子女教育，也只能是一个理想状态。

但是，所有人都既有自己独特的闪光点也有各种各样的缺点。所以，如果只将家长自己性格的丰富性和人格高度这两点作为子女教育的关键的话，我们会感到自己根本没有资格成为一名家长。

正因如此，我才希望各位家长一定要拿出勇气来，做好孩子最重要的"老师"。

假如认为自己在性格上或者其他方面有所欠缺，不如去参加一些培训课程，或者阅读一些有益的书籍，用技术手段进行查漏补缺。爱绝对不是一门技术，但是通过技术手段却可以更好地传达爱意。因而，只要肯付出努力，教育方法也是可以培养的。

我在2003年出版的一本书中这样写道："我们每一个人，就好似一颗种子。"我们在这些种子中一点点发芽、长大，进而开花、结果，所有的可能性都是按照程序一步一步进行的。而正是因为我们是一颗种子，历经多年后我们才可能长成参天大树，并且这个过程隐藏着孕育更多果实的无限可能。

孩子就是一颗种子。他们的生命已经被完美地编好了程序。即便没有人教，他们也会自由地呼吸，自然地长个子。作为家长，我们首先要相信大自然赋予人类的种种不凡的能力。

问题在于环境。孩子所需要的"环境"就是父母所带来的全部。

在环境问题上最重要的就是切合实际。假如水分不足，种子就不能生长，反过来水分过多也会造成根茎腐烂。父母给予子女的爱，也是同样的道理。虽然爱对于人格的形成具有不可取代的作用，但是如果溺爱孩子，会与完全不爱孩子一样，产生事与愿违的结果。

作为孩子的"老师"，把握分寸异常重要。不给孩子的人生加入过多负担，是父母帮助孩子学会自立的高级做法。

作为家长的你，也是孩子成长环境的一部分。我们需要用客观的眼光看待孩子，并且随时保持冷静。我们不能任意地将孩子当作自己的一部分，而是要将孩子当作一个独立的个体，尊重他们的意见和选择，只有这样才能激发出孩子与生俱来的可能性。

这才是一名合格的"老师"的做法。

◆ 抛开负罪感

在教育子女的过程中，父母很容易充满负罪感。

对孩子来说，最容易理解的"美好的未来"的标准，就是学习成绩好，比学校的大多数人优秀。有时这一标准还会变成擅长运动和掌握其他的技能。

很多家长们都认为，如果孩子的成绩没有预期好，那只能说明孩子努力不够。家长在责备孩子不用功的同时也会深深地感到自责，觉得自己没有教好孩子，是自己的教育方式出了问题。

那些对孩子的教育抱有负罪感的家长，一般是不会一味责备孩子的。他们会时不时地觉得对孩子抱有歉意，因而会越发地疼爱孩子。于是他们会为孩子买这买那，娇惯孩子，甚至讨好孩子。可是以上这些做法，没有一样是可取的。因为这些做法全部都会妨碍孩子学会自立。

家长们抱有的负罪感，对孩子的成长和自立起不到任何作用。

我时常在各种各样的场合同家长们展开讨论。

假如对方是一位儿子正在读初中的母亲，因儿子整天不学习而非常忧心。我会问她："你觉得孩子不学习是谁的问题呢？"我们谈了一会儿之后，这位母亲明确地告诉我："是儿子的问题。"

"是啊，是儿子的问题。那么，您作为一位家长，也作为孩子的老师，您觉得应该怎样解决这个问题呢？"

"我觉得首先要给孩子以充分的信任，然后……"这样一来，我们的谈话就会进行得非常顺利。

有时也会遇到那些深陷在负罪感当中的人，他们总是在自责："孩子的问题就是我的问题……可是我却什么都做不了，我真是一个不合格的母亲……"对方这么说的话，我们之间的对话也就很难向有益的方向发展了。

如果我问："这是谁的问题呢？"

对方可能会非常敏感地觉得我是在责备她，然后说一些解释和借口。

"但是，我也没办法……孩子他……"诸如此类。

如果我接着又问："我知道了。如果是这样，儿子不肯学习，难道不是他自己的问题吗？"

"但是，我……"

她们又会这样回答。像这样说下去的话，一时间根本解决不了问题。这些家长的思路很混乱，认为孩子的问题是自己的过错，或者是老公造成的，因而总是在自责或者埋怨家人。一边又会将问题归咎于孩子。

　　被这些感情束缚时，是无法看到问题本质的。儿子不好好学习，那就是儿子自己的问题。只有家长认识到这一点，并接受这一现实，家长才能真正帮助孩子。

　　被负罪感束缚的家长，从某种程度上来说，并没有将孩子与自己完全分开。如果孩子在学校被老师批评了，或者在其他地方被批评了，她会觉得是自己被别人批评了。她们还可能会偏执地认为："我们家孩子怎么不好了？"于是开始与别人争吵，进而将问题扩大。

　　其实在这种情况下，与其说家长是在为保护孩子的名誉而战斗，不如说，他们事实上是受负罪感的驱使，才不加思考地就去战斗。他们似乎也未注意到，在家长和学校或者老师争论的过程中，孩子是否受到了更多伤害。

　　所以，抛开你的负罪感吧。

　　在孩子还没有长大之前，甩掉那些枷锁，不要想太多，找到最好的方法才是解决问题的根本。

　　当事情不能如我们所愿时，请试着将一切暂时放下，抛开你的负罪感，然后认真思考怎么做对自己和家人才是最好的。并且为了达到这种最好的状态，自己究竟能够做什么，怎么做才能帮到孩子。步子不要迈得太大，先试着迈出一小步，把最初的成功当作动力，一点点继续下去。

当今这个时代对于任何人来说，都是教育子女的艰难时期。有太多客观的事情不能如我们所愿，但这并不是家长的问题，并不是家长做得不够好。

一味地自责是不可取的；一味地责备孩子不长进亦是不可取的。

◆◆ 感谢孩子来到我们身边

我对女儿最初的感情就是感谢，我一直感谢有她在，感谢她活在我身边。

我的长女生下来 6 个月就去世了，她生下来就有先天性心脏病。出生 3 个月时曾经做过一次心脏手术，本以为她会逐渐健康起来，谁知到了第 6 个月时，她还是离开了我。

那以后，我又经历了流产，最后上天终于把女儿赐给了我。

我一直在感恩。感谢孩子能够顺利地出生，感谢孩子一直待在我能看见的地方，感谢孩子过得幸福，感谢孩子会对着我笑，感谢孩子会调皮捣蛋，感谢孩子的一切。同时，我必须阻止自己将失去亲人的恐惧感和所有的期待都放在女儿的身上。

孩子已经顺利出生，来到了我们身边，他们好好地活着这件事本身就已经值得感恩了。除此之外，他们为我们做的每一件事都是特别的礼物。

那种对孩子有过高的要求，抱有不切实际的期待，要求孩子一定要出人头地、光宗耀祖的做法，无疑是自私的。我们应当引导孩子去追求崇高的理想和价值，去做到他们所能实现的最好的自己，但不应对他们达到世俗的成功有所强求。

希望家长们不要总是试图控制孩子，而是成为孩子的坚强后盾，永远守护着他们。到那时，你会发现孩子会更加尊敬你。

说到这，可能有些家长会担心："我自己是一个值得尊敬的父亲（母亲）吗？"事情并没有想象的那么复杂。在孩子的心里，早就充满了对父母的爱。这是孩子与生俱来的一种本能，是大自然早就设定好的程序之一。而作为父母的我们只要用心回应这份已得的爱，从心底里感谢孩子的存在，多聆听孩子所说的话，诚实地对待他们就可以了。切记绝对不可以因为孩子年龄小，就忽视他们的意见，含糊应付了事。正确的做法是认真地倾听他们说话，了解他们的心声。这样才能真正得到孩子的尊敬。

说到这里有人会提出异议："我哪有时间做那些啊？"

但是请注意，这不是时间充不充裕的问题，是陪伴孩子的质量问题。

我个人就是个很好的例子。由于孩子成长期我也一直在工作，所以和女儿度过的时间不算多。从我下班回到家到女儿上床睡觉，仅仅有两个小时的时间，所以我只能利用这段时间与女儿交流。而这仅有的两小时中还有一小时要用来做些家事和处理琐事。

剩余的这一小时应该如何度过，才能拉近我们母女的感情呢？这就取决于我多年积累的教育经验。最终，我将这段时间确定为对她表达感谢的时间，感谢有她陪伴的时间。

越是说自己没时间的家长越容易遭受孩子的抵触情绪，在互相争执中，本已不多的相处时间就浪费掉了，双方也都身心疲惫。最终不但没有解决问题，还将本就短暂的相处时间浪费在没有意义的事情上。

父母对孩子由衷的感谢能够进一步促进双方产生信赖感，而信赖感又会自然转化成对父母的尊敬。这种相互联系可以成为孩子的保护屏障之一，帮助我们守护孩子。

◆ 相信自己，相信孩子

作为家长，我们要让孩子自由自在地成长，让他们通过努力构建自己的人生。假如家长觉得孩子的生活状态令你感到不安，不如将这些不安感交给孩子，让孩子自己决定怎么做。

只要家长有意识地引导孩子发挥出内在的能力，孩子就一定能够不断发挥自己的实力，去应对一切问题。

在一次教研会的休息间隙，一位与会的母亲和我说了她儿子的事情。她说儿子马上就要考大学了，可是却不怎么学习。本来儿子为了考大学还特意退出俱乐部了，结果却总在电视前一坐就是一整天。她一直在为孩子的状态担心，有时甚至会觉得孩子没志气。我当时问她：

"你在不安什么呢？"

"我就是在担心他考不上大学啊，万一没考上可怎么办？"

"那么，考不上大学会产生什么问题呢？如果孩子真的考不上的话，你会怎么做呢？"

"啊？"

今年如果考不上理想的大学，明年还要考吗？还考今年想考的学校吗？还是今年想办法考上自己理想的大学呢？家长不妨将后续可能的结果都罗列出来，让孩子自己去做选择。

当家长有切实的问题或者困难时，比如家里的经济条件有限，无法支付孩子复读一年的费用的话，就需要将实情告诉孩子，再让孩子自己作出选择。假如家里真的无法供孩子再复读一年，而孩子又很想上大学的话，就算家长放任不管，孩子也一定会拼命学习的。

无法充分信任孩子的父母，无论遇到什么事情都会焦虑，然后将一些多余的干预压向孩子，让孩子更无法承受。要知道，人生并不仅仅是上大学而已，让孩子明确自己的人生目标更为关键。

2007 年 1 月 4 日的《朝日新闻》上登载了一篇关于宫本延春老师的报道，题目叫作《我的梦想是成为一名老师》。报道的内容如下：

中学时的宫本老师经常被不良少年欺负，所以非常讨厌上学。而且他没什么学习的天赋，所以上初中一年级时，乘法口诀才能背到第 2 行。初中毕业之后，他就去当了木匠学徒。可是在 12 年之后，他却考上了名古屋大学物理系，并且之后还读了研究生。2005 年春天，他回到母校，开始教授数学。

其实，转机发生在宫本 23 岁的时候。有一天，宫本和后来成为他妻子的纯子看了一个电视节目。那个电视节目将爱因斯坦发现相对论的过程用电视剧的形式展现了出来，内容非常有趣，让宫本很兴奋。

于是，宫本买了本简单的物理书开始学习起来。天空为什么是蓝色的呢？太阳为什么是温暖的呢？孩提时代那些简单的小问题似乎都能和物理连接起来。当时宫本心里有一个强烈的念头：我想知道更多的知识。那是他第一次有这样的想法。

于是，宫本下决心要考上大学并学习物理！但当时宫本已经在一家建筑公司有一份稳定的工作，所以有些犹豫："这么大的年纪突然决定开始学物理，到底行不行？"经过仔细思考之后，为了不让自己后悔，宫本决定尝试一下。

于是，宫本开始了一项学习计划。他从小学三年级的内容开始学起，24岁时已经学习高中的定时制课程。那时他每天早上5点钟起床，一天最少学习10小时，老师也时常为他补课到凌晨。宫本说每当他又解答出一道题时，那种喜悦之情就越发坚定了他的信念。时光飞逝，很快就到了3年定时制课程毕业的时候了，宫本如愿考上了理想的大学。

去年夏天，宫本老师在丰川高中成立了"数学爱好者学会"。他说他的初衷是为那些找不到梦想的学生提供指引。"梦想并不是那么轻易就能找到的。但是，我可以帮助学生们寻找一些契机，使他们对生活和世界多一些关心。"

我们每个人都有着各自不同的可能性。家长能做的就是充分相信孩子的能力，并为孩子创造一个让他们可以发挥自身能力的环境。就像前文报道中的宫本老师一样，有些人发现自我的时间或许本就比别人晚些，那也是一种别样的人生。因此，从现在起，不要再勉强孩子做一些你认为对的事，只要站在他们身边提供指引和支持就可以了，放手让孩子去寻找自己的人生吧！

◆◆ 戒掉上一代传下来的不良教养习惯

父母与子女的关系就像一面镜子。不管是血缘关系带给我们的相似性，还是由于长年一起生活而产生的相似性，都反映了亲子关系的这一特点。孩子从家长身上看到了自己，也学习到了生存方式。

我想介绍一下朋友 F 的真实体验。

她有两个女儿，一个上初中，一个上小学。F 一直在摸索与女儿们友好相处的方式。并不是因为她与女儿们的关系恶劣，而是她想找到更有益的，更让自己和女儿们都觉得舒适的相处方式。同时她也与很多家长有同样的担心，那就是自己会不会扼杀了孩子的可能性。

F 来学习时，我注意到了她的一个问题——她和她母亲之间的关系。F 的母亲是一个非常敏感、很容易担心的人。即使女儿已经长大成人，有了自己的家庭和孩子，她还是对女儿有诸多担心，无论什么都要干涉。F 自己也对母亲定期打来的电话觉得反感，很想从母亲的禁锢中解脱出来。

有一次，F 一家要去旅行。她事先就告诉母亲去的地方可能没法经常打电话，所以她们会常常失去联系。到了旅行地时，F 还用座机给母亲打电话报了平安。可是旅行结束后回到有信号的地方时，F 打开手机一看，母亲居然在她们旅行期间发了十多条短信给她。F 说她明明已经给母亲打电话报了平安，而且先前也解释过当地收不到手机信号，可是母亲却还是充满焦虑，让她越来越受不了。

后来，F 学了我的家教理念，她与母亲的关系也出现了重要转折。在这之前，她一直觉得母亲的过分关爱是一种负担，通过一段时间的学习，她已经开始思考和理顺自己与母亲的相处方式。

F 发现，如今想要改变母亲已经是不可能的了。

于是，她得出了结论，与其试图改变母亲，不如改变自己。以往她为了逃离母亲的干涉，甚至很少主动给母亲打电话，更别说主动亲近母亲。但现在，她开始主动打电话给母亲，让母亲减少担心，并试着向母亲表达谢意，谢谢她多年来的关心。

后来，F 与母亲的关系得到了很大改善。虽然母亲还是老样子，仍然唠唠叨叨的，但从 F 的立场看，她已经从"控制欲强烈的母亲"的牢笼中解脱了出来。

除此之外，F 还有一个惊喜的发现。那就是她和女儿们的关系也在不知不觉中得到了改善。以前，为了让女儿们能够过得更幸福，F 一直在拼命努力，甚至不知道从什么时候开始，自己也像母亲一样在女儿们的周围织了一道干涉的网，让女儿们无所适从。

现在，F 不但让自己从母亲的束缚中解脱了出来，同时也放开了一直束缚着女儿们的网。

父母与子女的关系就像一面镜子。一个人与父母的关系，一定会影响这个人与子女的关系。一个人对父母抱有的感情，与子女对这个人的感情也一定有共通之处。孩子最初就是从父母那里学习生存方式的，所以你会发现，自己对待父母的态度有一天会从孩子那里得到映射。

那么，你是否有一些从父母那里继承，但却不想传给子女的东西呢？如果有的话，能切断这些联系，让这些不良关系结束的，也只有你了。

◆ 理解人类的心理法则

我从小学到大学毕业，学习成绩都不怎么优秀，也就是常说的中等生。但是，我从未因为自己的成绩比别人差而自卑，自然也就从没有失去信心、失去干劲之类的情况。如果我发现自己成绩下降，下个学期就会给自己鼓劲，然后好好努力，考试成绩就能提高一些。当然心态稍微放松时，我的成绩也会相应地下降。

从没有过自卑感这一点，应该归功于我的母亲。

还记得有一次，母亲看到我的成绩表之后，稍微叹了口气，小声地说道："是这样的成绩啊。"那次的考试成绩非常差，是我偷偷逃课造成的，我自己看到成绩时也觉得难以接受。

然后母亲说了一句："你这考试成绩和我当年一样啊。"之后就再也没有下文了。关于考试成绩的谈话也就此结束。

听到母亲这样说，我一方面觉得很安心，心里想着："妈妈以前学习成绩也这样，我考得不好也没什么。"可另一方面，心里又非常不服气："这样不行，我要好好加油才行。"后来，下一个学期的考试成绩充分证明了我的能力。

试想，如果当初母亲一个劲地批评我，强调她对成绩的不满，或者反复让我多加努力，我是否还会同样充满斗志呢？我想可能不会。

如果我们能让孩子的心里安心踏实，不追在孩子身后时时鞭策，孩子也会充满干劲、勇往直前。相反，假如家长不顾孩子的感受，一味要求孩子按照家长的意愿行事，那么孩子可能会竖起浑身的刺来反抗家长，甚至朝着完全相反的方向发展。这是人类的正常心理，也是不可改变的规律。

◆ 家是孩子的"训练场"

家是美好的港湾，也是孩子的训练场，是为了让孩子将来离开家后能够尽快适应社会的小小实验场。家并不是一个供人躲藏的地方，因此，家长必须在家里为孩子建立一个微型社会，以做训练之用。

家是一个让人学规矩的地方

为了让价值观不同的人和平共处，社会上普遍存在着规矩和规则。一个人只要认真遵守社会的法律和规矩，就能与周围的人和睦相处，安乐度日。

当下，我们必须遵从的最高规矩就是宪法，这在大部分国家都是一样的。一个人如果不遵纪守法，就不能称之为一个良好的社会成员。一旦触犯法律，就必须受到惩罚。

即便是在家庭内部，也有个性不同的家庭成员。所以家庭内部自然有必须遵守的规矩，而且这些规矩帮助孩子形成了早期的规则意识，它们教会孩子"什么该做"和"什么不该做"。孩子在这些规矩的管束之中，逐渐会学会了严于律己。

但是，如果一个家庭内部没有可供孩子遵守的规矩，孩子不知道行为的界限，那么这个孩子步入社会后就会缺少遵纪守法的意识。即使在理论上知道了法律规范，也可能会不加思索地以身试法，挑战法律的界限。

我们人为地设置一些规矩，并不是为了拿这些规矩来束缚孩子。能够分清什么该做什么不该做，并利用这些区别严格要求自己，就是自立的开始。

所谓规矩，即是教会我们生活的重要界限。

家，是一个适时调整自我膨胀感的地方

大多数孩子都是伴随着赞美声长大的。他们画了张画，立刻会有人称赞他们；他们爬上单杠了，马上就有人为他们鼓掌。所以很多小孩子一度都认为自己是无所不能的。即使自己闹别扭，哭个不停，爸爸妈妈也会千方百计地哄自己开心。这样教育婴幼儿期的小孩确实能培养他们的自我肯定感。

但是，我们必须注意，孩子的自我肯定感逐渐形成的同时，也很容易滋生一种负面的情绪，那就是自我膨胀感。孩子会不知不觉误解自己无所不能。

自我膨胀到达一定极限的人，会觉得自己没有办不成的事，也没有过不去的关。

这样的人成年后是危险的。

你的周围有没有这样的人呢？永远觉得自己做什么都行，没有自己办不成的事，无所顾忌，张牙舞爪。好像天下的规矩都是他定的，缺了他不行，他想怎么改规矩就怎么改，所有人都应该按照他说的去做。而且当他的恶劣行为伤害到别人时，他也丝毫不知道反省。

发生上面这样的情况，是因为这类人认识事物的方式是扭曲的。他们没有受过适当的教育，不知道自己的理解是完全错误的。

家，正是一个应当适时调整自我膨胀感的地方。家可以让一

个人拥有自信，也让人明白自己并不是万能的。

通常，肯定自己能力的孩子都会充满自信，而充满自信的孩子，则会在各种各样的场合中勇往直前，积极进取。但对一个家庭来说，只有教会孩子"责任意识"，才能将孩子的万能感转变为有能感，使孩子收获正确的自信。

下面这段对话，就是我的女儿逐步走出万能感的标志。

那是女儿上小学四年级时，马上步入青春期了。有一天，女儿突然对我说：

"妈妈，我现在终于知道了，我根本没有自己想象的那么优秀。"

"你说什么？没那么优秀？"

"是啊，在家的时候，奶奶总说我好可爱，爸爸妈妈也是经常夸我聪明。可是，我现在发现，学校里原来有那么多更可爱、更聪明的孩子呢。"

"是吗？你们学校有更可爱更聪明的孩子吗？是谁啊？""有啊……"

"但是，妈妈还是觉得我们家的女儿很乖，很棒。妈妈真的很感激上天把你这么了不起的孩子赐给我们呢。"

"妈妈，你这难道就是所谓的溺爱小孩？"

"妈妈这哪里是溺爱啊……"

"还说，明明就是。"

通过这次谈话，我不但帮助女儿正确地认识了自己，让她学会摆正心态，也让她明白了，无论发生什么事，爸爸妈妈都会毫无保留地爱着她，让她能安心地进入青春期。

家， 是一个陪伴孩子准备步入社会的地方

我们作为父母，必须把握各种机会，不断训练孩子的各种技能，帮他们做好走向社会的准备，然后再送他们独立开启人生的旅程。

尤其是孩子上高中的 3 年，更是非常关键的时期。

我曾多次强调，父母除了扮演好孩子的保护者这一角色外，还应承担起孩子的管理者、支持者和老师的职责。那么，高中这 3 年，希望家长们不要过多地干涉孩子，而是以一个同住友人的姿态，仔细观察孩子的状态是否能够成功步入社会，并提供给他们力所能及的支持。

那是我上高中不久之后与母亲的一次对话。我的母亲是一个非常开明的家长，本来就不会对我管束过多，可是有一天我突然发现，本来就不太干涉我的母亲，已经完全不管我了。

于是我对母亲说：

"妈妈，你这阵子怎么都不太爱管我了？"

"该说的早就说完了，今后你要学会自己做决定了，以后有什么事你自己处理就行。"

那一瞬间，我突然不知说什么才好。那是一种真真实实的信赖，是母亲对女儿最信任的嘱托。那一刻，我突然觉得自己充满了力量。

◈ 与孩子坦诚相待

在一次研修会上，有位男士发表过一些育儿的见解，让我受益良多。

他家有个上中学的儿子，一直在制造家庭内部暴力。有一次，又要到期末考试的时间了，儿子自己学不进去，就胡乱发脾气，有事没事找母亲的碴儿，冲母亲发火。

研修第一天结束之后，这位男士回到家，看到儿子又在对着妈妈大喊大叫。以往碰到这样的情况，他都会怒斥儿子。可是这一天不同。他想到自己刚学了"倾听"。于是，他第一次有了和儿子谈一谈的想法。

他认真地对儿子说："你过来坐下。"然后问他："你跟我说说，你到底在不满些什么呢?"于是儿子滔滔不绝地向他倾诉了起来。原来，儿子一直在担心学业上的事，结果越担心就越学不好，所以心里才会烦躁。

听完儿子的倾诉后，他想了想说：

"我知道了，今天你就不要学习了。学习成绩不用过于放在心上。先好好睡一觉吧。"

儿子顺从地听了他的话，那天晚上早早地就睡了。第二天早上，奇迹发生了。他儿子居然在没有任何人提醒的情况下，早上5点钟就爬起来学习。这就是父母与孩子坦诚相待、认真倾听孩子真实想法的成果吧。

我想以往他并不是刻意避开儿子，而是从没有想过，父子之间是可以坦诚交流的，所以他才会常常对儿子发脾气。好在最终他明白了父子之间可以敞开心扉、畅谈心事的道理。

还有这样一个真实案例。有一位朋友的女儿还在读高中，却不肯安安心心地住在家里，隔三岔五地在外留宿，每每让母亲担心。这位母亲担心的还有另外一点，那就是她女儿是不是住在男性家里了。但是，每次这位母亲焦急地问女儿："你为什么非要外宿呢？""你到底住在哪里了啊？"女儿就会极其反感，以不回家来回应她。所以这位母亲即使忧心忡忡，也只能装作若无其事的样子。

孩子开始外宿，一定有某些特别的原因。但其中一个最重要的问题，就是家长即使不同意，却出于害怕破坏亲子关系的原因，没有给予及时的制止。

从家长向孩子妥协，开始试图讨好孩子时起，家长就已经失去了引导孩子的资格。家长睁一只眼闭一只眼的态度，只会让孩子觉得这是家长不重视他，或者在纵容他的表现。因此，为了防止孩子做出不恰当的行为，家长一定要果断行动起来。

家长之所以不愿意坦诚面对孩子的错误，可能有一个特殊的理由。那就是他们担心一旦面对孩子的错误，会发现那其实是自己造成的。面对孩子的痛苦时，家长就是在面对自己的痛苦。他们害怕看到孩子的痛苦，也不敢承认孩子的问题。

我也有过类似的经验。当女儿陷入痛苦时，我只能抱着她，安慰她，却没有说："没事的，不怕，有妈妈在呢。我们一起解决。"因为那时的我不但觉得女儿很不中用，甚至还抱怨丈夫也靠不住。我一边说着"是啊，人生真是太辛苦了"，一边觉得自己是那么弱小。这么想着，自己就开始抱怨女儿了。

因此，无论如何，我们一定要培养随时拿出勇气来对抗各种状况的能力。要知道一时的勇气是可以解决很多问题的，而一瞬间的逃避所带来的恶果，则可能比想象中要大得多，因为当下一个问题来临时，一切会更加恶化。

记住，千万不要将自己封闭在烦恼中。

发生问题肯定会烦恼忧愁，而有些人自己却很容易沉浸在烦恼中去获得满足。看着自己因为烦恼而日渐消瘦，他们甚至会误认为自己已经在付出很大努力。但事实并非如此，一味沉浸在烦恼之中根本解决不了任何问题。

希望各位家长朋友，不要将自己封闭在烦恼当中，也不要认为时间能解决一切问题。要知道，借来的债如果不还，只会生出利息，然后利息再生利息，从此没完没了。所以趁着自己与孩子间的隔阂还没有深到无法跨越，与孩子坦诚相待，一起直面问题、解决问题吧。而且，你要知道，孩子也一直在等着你，虽然你并未察觉。

◆ 跟孩子讲一讲自己的过去，让孩子看一看自己的现在

当我的女儿还是个小不点的时候，无论我问她什么问题，她都会毫无顾忌地将真实想法告诉我。我们之间的对话，基本上都是我来问，她回答。

但是从女儿升到小学五年级，她就变得不愿意直接回答我的问题了。每当我问她什么时，她总是含糊其词，顾左右而言他："哦，是吗？""其实也没什么。"让我觉得她越来越难沟通。仔细想想，女儿变成那样也是正常的。因为她已经开始长大，不再满足于母亲总是单方面地获取信息。

若是孩子尚且年幼，父母只要肯认真聆听孩子讲的话，对孩

子来说就已经足够了。可是到了青春期，孩子的需求会越来越多。他们也会想听一听别人的事情，也想获得一些有意义的信息。

而这些信息的一个重要来源就是父母。因此，如果你想教会孩子什么，或者希望孩子遵循良好的行为准则，那就跟孩子说说自己的事。

有些家长习惯于对孩子呼来喝去："你应该这么做！你应该那么做！"让孩子很反感。与其如此，家长不如多与孩子说说自己的感受、自己的梦想，或者自己为什么做现在这份工作。你会发现孩子听得兴致盎然。

众所周知，并不是所有家长都能如愿以偿地做自己理想的工作。我们可以和孩子讲一讲自己年轻时的梦想，自己当初最想做什么样的工作，后来又为什么放弃了，并开始了现在的这份工作等。我们和孩子讲的不只是单纯的理想和经历，我们讲述的是自己的人生。

虽然你不一定有出类拔萃的口才，不能将自己的故事讲得发人深省、感人肺腑。但这不影响什么，说自己的事不需要高超的技巧。父母要讲的是自己实实在在的人生，而孩子一定会从这些平实的言语中得到启发和指引。

青春期是一个心理极不安定的时期，孩子需要经受心灵和身体的各种考验。在这个时期，孩子、家长和老师之间必须建立心灵相通的桥梁，才能给予孩子切实的帮助。而这座心灵之桥必须由家长主动发起、建成。

前文中我已经阐述过多次，青春期的孩子都在试图摆脱家长的束缚，不管你有没有束缚他。如果家长不主动与孩子建立起互相沟通的心灵之桥，那个曾经缠在你身边，说着"妈妈，今天学校里发生了一件有趣的事"的可爱孩子，终有一天会变成疏离的样子。

人和人之间都是这样。我们说自己的事情时，必然会引起对方的注意。与孩子谈话时，家长也要抓住孩子心里空白的那一瞬间，将孩子拉回到自己身边来。在这一往一返之间，孩子的心里也会变得安定下来。

我认识一位叫 S 的母亲。她有两个儿子，一个上大学，一个上高中。丈夫的离世使她心灰意冷，谁知这时小儿子也像得了抑郁症一样，整日将自己关在房间里。S 是个坚强的母亲，她让自己重拾信心，想方设法帮助儿子。结果却事与愿违，不但儿子的问题没有解决，甚至她自己也一度变得心理不正常了。

于是，S 开始学习怎样与儿子沟通，怎样交流和倾听。这期间她报名了倾听志愿者，并为此付出了相当多的努力。后来，她拿到了倾听志愿者的高级资格证。她的小儿子看到母亲每天忙碌的样子，终于问道：

"妈妈你到底是去参加派对了，还是去学习了？"

就这么一句话，已经让 S 欣喜若狂了。

因为儿子目睹母亲战胜了不如意的命运——看见她走出家门主动与他人交流；看到她为了多学知识留在家里埋头苦读。母亲这样努力，孩子也一定会从中受益，明白自己不应该荒废人生。

家长要经常跟孩子讲一讲自己的过去，或者让孩子看看自己是怎样生活的。这时，有些家长朋友会表示："我一直是个平凡人，没有什么可说的，也没有什么可给孩子看的啊。"

但是实际上，越是没有值得讲的事，越要注意与孩子的沟通和交流。在要求孩子做更多之前，我们应该先要求自己。当孩子看到我们严于律己、努力奋斗的姿态时，他们就会知道：人生，就应该是这样度过的。

到那时，我们才可以说，自己终于将孩子的心灵成功引导到正确道路上来了。

◆ 做孩子的模范

正常来讲，孩子并不会按照家长说的那样成长，而是会对照家长所做的来成长。

家长是孩子成长的模范。孩子每天看着父母，观察他们的一言一行而日渐长大。所以他们会或多或少地模仿父母的生活方式。

当然在这过程中，如果父母做了什么让孩子觉得过分的事，孩子也会以此为戒，尽量避开同样的做法，朝着与父母相反的方向前行。这时，家长就成了孩子的反面教材。

虽说有时我们会觉得这样也不错，但是这其中还是潜藏着一定的危险性。如果孩子朝着与完全相反的方向长大，这通常都说明家长犯的错误已经非常严重了。

男孩子的模范，从性别方面看，毋庸置疑是父亲。

但是经济高度发展以后，家庭环境都发生了变化：本来是男孩子模范的父亲，变得遥不可及了。有些孩子甚至很难见到自己的父亲。每天早上，孩子还没起床，父亲就已经出门了。晚上父亲回来时，孩子早已进入了梦乡。虽然还有周末，可是每逢周末，父亲不是加班，就是疲惫不堪，无心陪伴家人。

我认为，即便父亲没有每天出现在孩子面前，也不是多么严重的问题，只是父亲这个精神模范在孩子的意识中绝对不能少。母亲的怀抱也不能取代父亲的位置。

让我们试想一下，如果父亲总是缺位，会产生怎样的问题。孩子的母亲会一味地抱怨丈夫，发泄自己的不满，一般情况下，这些负面情绪的接收者只有孩子。

"你爸爸真是的，总是这么晚还不回来。"

"放假了也什么都不干，就知道睡觉。"

"我越来越受不了他了！"

在这样的环境中长大的孩子，一定会被母亲同化，自己也动不动就批评父亲。即便有母亲的陪伴，被母亲宠爱着长大，在他们的意识中也缺少一个作为精神模范的父亲。甚至有些孩子对父亲持有极其反感的态度。这样一来，男孩就没有了成长的模版。

所以，当父亲不在孩子身边时，母亲应该人为地为孩子创造一种父亲的存在感。

"爸爸正在为我们一家人拼命地努力工作呢。"

"这件事，还是问问爸爸吧。"

"等爸爸回来，我们和他商量一下吧。"

通过以上这些简单的方法，即使父亲远在天边，母亲也可以让孩子切实感受到父亲的存在，而且，孩子们还会自豪于自己的父亲是一个了不起的人。

从某种程度上来说，母亲人为创造出的"令人敬畏的父亲"也能够反过来帮助母亲控制青春期的男孩，教他们正确的行为方法。同时，男孩也会以母亲创造的"父亲"为模范，不断摸索自己的生存方式。

或许当孩子成长到一定的年龄时会突然发现，自己的父亲并不像母亲说的那样完美。

但到那个时候，男孩已经长大成人，他们已经不需要再模仿这个"令人敬畏的父亲"了。到那时，即便不借助父亲的形象，男孩们也已经掌握了灵活控制自己的情绪和行为的方法。

那么作为父亲，为了让孩子的脑海中有自己的良好形象，为了让孩子幸福地成长，你们能做的只有一件事，那就是让你们的妻子过得幸福。

如果孩子的母亲不幸，她就没有办法为孩子创造一个优秀父亲的形象。不幸的妻子、永远沉浸在怒火中的妻子，会将一切责任推给不在家的丈夫。

女孩子的模范，单从性别方面看，毋庸置疑是母亲。女孩们都会有意无意地在母亲身上寻找幸福的表现。作为一个独立的人，作为一个女性，如果母亲生活得很幸福，女儿也会在母亲身上看到自己将来的样子，会对自己的将来有信心。

如果母亲不幸，女孩就可能会陷入迷茫或焦虑之中。尤其是在青春期这个特殊阶段，女儿正在逐步脱离父母的保护，但她们尚未找到明确的方向，正在摸索自己未来的道路。如果这时发现自己的母亲过得不幸，她们一定会悲从中来，开始对自己的未来失去信心。

因此，如果要帮助女儿学会自立，对父亲来说，最好的办法就是让自己的妻子过得幸福。

只是，母亲们也不要忘了，把握幸福的关键人物永远是自己。有时由于职业、家庭分工等原因，即便丈夫已经尽力了，他们能做到的也是有限的。比如，他们可以"尽量和妻子沟通""让妻子感到幸福""竭尽全力向家人们表示自己的爱意"等。但是，妻子是否感到幸福，最终却不能由丈夫决定。

作为一位母亲，首先要让自己独立，而且这种独立并不局限于家庭内部，还需要与外界进行足够的沟通，不断锻炼自己。

养育子女并不是一个母亲的全部人生。孩子长大之后，你还有很长的人生路要走。女性如果要享有一份专属于自己的充实人生，就不能完全依赖丈夫或者孩子。试着用自己的双手和智慧，去开创自己独特的人生吧。

◈ 立足客观，但不要忘了幽默

由于每个青少年品性不同，每个家庭的教育方式不同，对于青春期孩子的教育问题，有人认为很难，有人却认为很容易。假如你经常有这种想法："为什么我们家孩子这么难管呢?"请你换个角度想一想，青春期本身就很短暂，很特殊，只要我们用心面对，就能给孩子带来长远的帮助。

为了不打无准备之仗，家长作出任何判断时，都不要忘了保持客观的态度。所谓的客观态度，就是让自己站在事件之外，以一个旁观者的公平角度来看待一件事及其参与者。

但是，人们会说："如果每个人都能客观思考的话，就不会产生矛盾了。"也就是说人们都明白客观态度的必要性，但想在一瞬间保持客观冷静却没那么简单。

对一个教育子女的人来说，控制自己的情绪也是一个艰难的课题，必须经过一系列训练。

首先，第一步是察觉。在自己的火气开始往头上冲的瞬间，要马上察觉自己已经开始生气了。这需要父母们反复练习，时常确认自己当时的感情和体会。第二步是控制。当察觉自己要发火时，马上深呼吸让自己冷静下来。第三步是客观分析。仔细分析事情的起因、孩子的动机、解决的方案、可能的结果等，然后采取最好的方式来处理问题。

这里有一个小技巧，就是幽默。仔细想一下，自己是否经常为一些鸡毛蒜皮的小事大动肝火？给自己一点时间，试着用幽默来解决问题吧。

我女儿时不时会犯懒，一直赖在沙发上躺着。每次看到这样的场景时，我都会忍不住发火，心想："我都忙成这样了，你还在那躺着什么都不干，那么大的人了，像什么样子！"

可是，如果这样说了，一定会让好不容易回家一趟的女儿不开心，而且会破坏其乐融融的晚餐气氛。假使硬是吞下这口气，我对女儿的态度也一定满含怒意。

于是，我就想出了这样一个办法。每当有类似情况发生时，我就会说些幽默的"反话"。

"我看报纸上说啊，横滨市青叶区的菅原家有个 22 岁的漂亮女儿，正横躺在沙发上，非常不淑女地看电视呢。"

听到我这样说，女儿立刻哈哈大笑起来，并回答说："有什么要帮忙的吗？"到了这个时候，我的怒气也消解了，能用平常的语气讲话了。

因为我从女儿很小的时候，就常常对她使用这个办法，所以女儿也学会了幽默的沟通方法。比如，如果我没能按捺住火气，冲女儿大发雷霆："你这孩子！还不给我起来！躺在这里像什么样子！不是跟你说过这样是不对的吗？"女儿一定会喊道："大家快来看呀！宣扬'心灵沟通'的菅原裕子正在虐待儿童啊！"

"谁是儿童啊？你？"于是，我们之间的谈话，又在谈笑之间变成寻常语气了。

虽然幽默这种方式不一定适用于所有场合，但我们需要用幽默来解决一些小问题。当我们秉持着客观的态度，通过幽默解决掉那些小问题之后，我们才有余力来应对那些相对更严重的情况。

我在前文中说过"青春期不会持续一辈子"，所以家长完全没有必要让自己受困在今天。试着将眼光放长远些，要知道眼下我们面对的问题都只是一时的。所以我们更应该拿出勇气来，与孩子坦诚相待，一起创造更美好的未来。

第四章

明确说出
你的爱

◆ 青春期的孩子值得被爱

在我的家教的观念中，我提倡家长朋友们教给孩子最重要的一件事就是"爱"。"爱"的能力是家庭教育中最重要的一项，无论哪一项知识或者技能的教育失败了，家长也不能放弃对孩子"爱"的能力的培养。

这种能力的培养没有捷径，唯一的办法就是用心爱自己的孩子，由衷地爱护自己的孩子。

在充满爱的环境中长大的孩子，心里会自然萌生一种自我肯定感，这会让他们对自己充满信心。我将这种自我肯定感归结为"支撑生命的感情"，是一种让我们和社会以及外部世界建立关联的重要感情。

但是，对于自我存在感极强的孩子来说，自我控制就更加重要了。

2006 年下半年，日本发生了很多起青少年自杀事件，其中大部分孩子都是由于不堪忍受校园暴力而自杀的。关于这些话题，我和女儿也聊了好几次。我相信同一时期，很多家长肯定也问过孩子这个问题。

"如果你被人欺负，会不会想着自杀？"

女儿回答："我的话，无论发生什么事，都不会去死的。"

"为什么呢？"

"因为如果我死了，妈妈会伤心到活不下去，我不想让妈妈难过，所以我绝对不会死的。"

我一下子就明白了。女儿切实感受到自己身上承载着太多的爱，所以生命之于她无比重要。这就是爱的力量，让孩子觉得安心和安全。

当孩子年幼时，父母表达爱的方式通常以照顾和肢体接触为主。但是随着孩子年龄的增长，孩子对父母之爱的要求也会变得更复杂。如果用心观察，你就会发现孩子们在有意无意地探求父母的真心。

家长对青春期的孩子表达爱意，一定要尽可能直接。有些家长性格比较内敛，不喜欢过于直白地表达感情。但是对于青春期的孩子，仅仅用一般的表达方式是不够的，因为这样的表达可能无法直达孩子的心灵。我经常说一句话："现在不是害羞的时候。"

有些家长会说："我是他妈妈，怎么可能不爱他呢？这有什么可说的呢？""我觉得你这种担心是多余的。"但是，家长的内心很清楚，这些话只是一种敷衍。

青春期的孩子们需要的不是一般的爱。他们需要确信自己是被父母爱着的，也会怀疑父母是否因为自己的存在而喜悦。

追根究底，他们想得到的是真心。不管是爱他们还是训斥他们，他们都希望是出于真心的。

在充满爱的环境中长大的孩子将度过一个相对安定的青春期。家长需要做的只是信赖他，并且一直在他身边守护。

与此相反，如果一个孩子从小就不太确定自己是否被爱，那么在青春期，他会固执地寻求自己被爱的答案。所以他会不断地作出各种试探。这时，家长千万不要陷入自责当中。一定要把握机会，向孩子表达你的爱。

青春期不会持续一生，机会稍纵即逝，所以无论如何都不要放弃。

◆ 毫无保留地包容孩子

在本书的第二章，我详细介绍了"包容自己，包容他人"的观点。在这里我们需要再次重温这一观点。

假如孩子的秉性刚好与家长相似，那么，对家长来说，理解孩子的想法就非常简单。可是反过来，如果孩子的秉性与家长相去甚远，家长就可能会常常因孩子的言行感到诧异。

年轻母亲经常抱怨孩子做事磨磨蹭蹭。本来起床时已经很晚了，孩子还是不紧不慢的，自己一忍再忍之后，终于控制不住发起火来。如果当时我在场，我一定会说："这孩子天生就是个慢性子，能怎么办呢？"这种情况根本不需要问为什么，秉性罢了。

接下来，有些母亲可能会问："那孩子的秉性为什么是这样的呢？"

关于这个问题，我认为孩子的秉性天生就是如此，没有什么特别的理由。

每天，孩子慢吞吞地穿袜子时，心里想的东西都是不一样的。可能某一天，孩子在确认袜子的花样；可能另一天，孩子在数自己的脚指头；可能第三天，孩子在琢磨自己的脚指甲……这些都有可能成为孩子磨磨蹭蹭的原因。

作为家长，一定要尽早了解孩子的秉性，知道孩子是怎样一个人。有时候，孩子真的不能按照我们预想的样子长大，家长能做的就是接受现状，毫无保留地理解自己的孩子。

青春期的孩子在某些方面，与刚出生的婴儿极其相似。

总有些我们无法理解的青春期因素，令孩子走向极端，烦躁不安，或者突然大声哭喊。就算我们千方百计地想弄清楚到底是怎么回事，成年人的经验也会变得无济于事。

假如家长一直跟在孩子身后，问他："你为什么这样啊？"除了将孩子逼到死胡同，对家长唯恐避之不及之外，不会有任何结果。

据说有一位母亲有天终于受不了了，对自己的儿子大喊：

"妈妈到底要怎样做才好呢？你能不能告诉我？"

儿子却回答："你只要什么都不管，什么都不问就足够了。"那位母亲还算开明，回答儿子说："好吧，从此以后，我再也不管你了，但是你要记得，不管发生什么事，妈妈会一直陪在你身边。"

所以，有时家长也不必过于焦急，理解孩子、放手让孩子按照自己的方式生活，对青春期的孩子来说就等同于温暖的怀抱。

后来，那个孩子过圣诞节的时候还送给了妈妈一双手套。他说："看到妈妈总是把手插在外套口袋里，一定是手很冷吧。"

有些家长朋友苦于青春期孩子的情绪不稳定，总是试图做些什么来解决这些问题，却忘了最简单的方法就是包容孩子。如果家长能毫无保留地接受孩子，不但可以让孩子安心，甚至会让孩子养成责任心，开始关心父母。

青春期的孩子就像刚出生的婴儿一样，有着父母难以理解的难处，甚至有过之而无不及。由于每个孩子的秉性不同，他们各自的难处也不相同。孩子的情绪时常受到一些不明因素的摆布，变得难以捉摸。作为家长我们必须明白，受到这些情绪影响的，除了周围的人以外，还有孩子自己。

因此，这时的孩子最需要的就是毫无保留的包容，需要父母敞开胸怀拥抱他们，就像他们还是婴儿时那样。只有这样，青春期的孩子，才能重新做回自己。也正因为如此，他们才能脚踏实地勇敢前行。

◈ 用足够的给予让孩子觉得满足

一般情况下，在孩子面前，家长一定要慷慨大方，说到做到。无论在物质层面，还是在精神层面上，家长都应该尽量让孩子过得富足，觉得满足。

因此，从婴儿期到少儿期，家长都应该给孩子以足够的关怀，满足孩子正常范围内的各种需求。

我个人的情况比较特殊，因为我没有因为生孩子而辞职，所以没有办法每时每刻都陪在孩子身边。但是我却努力地腾出一些时间，每个星期都会陪女儿开开心心地玩几次。

每天下班回到家，我都会看到女儿特意等待我的身影。通常吃完晚餐、做完家事之后，一直到女儿上床睡觉之前，都是我特意留给女儿的时间。这段时间并不长，可能只有30分钟或者一个小时，但是我和女儿却利用这段时间，开发了很多有意思的小游戏，有时我们也会聊聊彼此的梦想，度过愉快时光。

随着孩子一天天长大，家长与孩子经常玩的那些游戏也会发生改变，直到有一天停止。不用担心这样的孩子会永远长不大。如果孩子的精神层面很富足，他们会主动停止缠着父母做游戏。我女儿就是在小学六年级时开始学着独立的，从那时开始，女儿待在自己房间的时间越来越多了。

在社会生活日益复杂的今天，家长们即便不工作也难得清闲。我们没办法只扮演"家长"这一个角色，没办法将所有时间都留给孩子。正因如此，我们才要在孩子的身上多下功夫，认真思考怎样充分利用与孩子相处的时间，让孩子的内心更加富足。

在物质生活方面，同样需要让孩子觉得富足。具体来说，就是应该在能力范围内慷慨满足孩子的物质需求。这并不是说我们必须无限制地满足孩子的任何要求。而是要根据家庭状况来区别对待。

以我家为例。在女儿年幼时，我经常周末带着她一起去买各种调味料，每当这时，我都会给她100日元的开支预算。凡是100日元以内的东西，只要她想要就可以买。所以每逢我们一起去超市买东西，女儿总是先我一步跑到自己感兴趣的卖场，在我挑选生活用品时，认真地挑选她想买的东西。这样的事情一个星期只有一次，而一次也只花费100日元，绝对不算奢侈浪费。

我女儿很喜欢读书。亲戚朋友们都知道这一点。所以一到女儿的生日或者重要节日时，他们会送给女儿很多图书券当作礼物。

至于那些图书券的用处，我是完全不干涉的，女儿可以拿着这些图书券随时去买自己喜欢的书籍，不需要跟任何人商量。在这件事上，她完全是自由的。

假如女儿表示想要什么东西，我基本上不会说"之前不是才买过的吗"这一类拒绝的话。也不会在嘴上嘟嘟哝哝地抱怨。因为如果父母显示出不情愿的样子，孩子即使得到想要的东西，心里可能也会觉得难过和愧疚。我更不会挖苦女儿，或者旁敲侧击让女儿对父母感恩戴德。在我们家经常会听到的一句话是："好的。"

后来，有趣的事发生了。当女儿所有合理要求都获得了许可之后，她的要求反而越来越少了。我想这得益于孩子的内心获得了满足。这样的孩子会比较容易安心，不会再苛求什么。所以女儿上小学五六年级时，每当我问她："你生日想要什么礼物啊？"女儿总是回答："我也没什么特别想要的。"

孩子逐渐长大后，如果他们想要一件价格较高的物品，你只要回答："好的，你过生日时，我买来给你当礼物。"然后让他等到过生日时就可以了。

我第一次有些踌躇是在女儿想要买电脑时。那时女儿上初中，有一天突然说想要一台自己的电脑，我当时回答她："这个妈妈暂时还不能给你买。"女儿也没说什么，只是默默地将自己攒了很久的压岁钱和零花钱全部拿出来，买了一台电脑。

在这里，我还是要叮嘱家长朋友们。人的秉性或多或少都有些差异。有的人可能会非常执着于物质需求，而有的人可能完全没有物质需求。但是，无论人的秉性如何千差万别，有一点永远是共通的，那就是，一个人只要内心满足，那么他就不需要用物质来填满空虚的心灵。

教孩子活出自由人生的秘诀，是让孩子学会等待，等待依靠自己的努力来得到想要的一切。因此，家长不能一味地单方面给予。如果孩子想要什么东西，必须学着向父母表达自己的意愿，然后父母再回应孩子的要求。

假如家长单方面极其草率地不断给予，我认为这不过是家长一厢情愿的做法，追根究底是一种自我满足的行为。

物质和内心得到满足的人，通常都会在"已经足够了"的心情中愉悦地生活。而那些物质和内心得不到满足的人，却会一直处在"什么都不够"的状态中，所以他们会想尽一切办法满足自己。只不过，无论得到了什么，无论得到了多少，他们可能永远都觉得"不够"。

所以，请让你的孩子学会满足吧。切记不要只局限于物质的满足，心灵的满足才是最重要的。

◆ 永远不要觉得为时已晚

我在宣传"心灵沟通"的理念时，经常会听到家长朋友们表示："要是早点遇到你就好了！你怎么没早一点写这本书呢？"

每当此时，我都会说一句话："永远不要觉得为时已晚。"人和人的相遇受多种因素影响，要相信现在就是最恰当的时候。只要抓住机会，在相遇的时候开始努力，就足够了。

下面我就介绍一下一位母亲的真实体验吧。

这位母亲我们暂且称其为 A。A 的儿子自从上高中之后，就开始出现各种各样的问题。儿子没办法适应新环境，与同班同学相处也不融洽，总是纷争不断。后来，儿子再也不肯去学校了。夫妻俩一时不知如何是好，但他们还是想了很多办法，最后又将孩子重新送进了学校。

由此，A 自己觉得非常满意，也就没有多花心思去仔细回顾整件事情，总结自己教育孩子的不足，当然也没有认真考量今后应该怎样做。说一句通俗的话，这完全就是"好了伤疤忘了疼"。

家长千万不能被事情的表象所迷惑，不能就此满足于孩子一时的听话表现。假如家长满足于事情的表面，孩子的内心世界可能根本没有发生改变，家长教育孩子的方式仍然漏洞百出。还有些家长甚至会因为担心孩子再次不去上学，而过多干涉孩子的生活。最终，一段时间以后，孩子可能又不愿去上学了，而且这次可能是永远都不去了。

我们教育孩子最重要的事，并不是让孩子看起来与其他孩子没有差异，也不是杜绝孩子惹是生非。而是让孩子学会主动思考，充分运用自己的智慧，独立自主地选择一条最适合自己的人生之路。

A 的儿子不愿意去学校，虽然这不是一件好事，但通过这件事其实可以学到更多教育孩子的知识，可是 A 却让这个难得的机会溜走了。

T 是一位辛勤的母亲，由于大女儿上学的问题，T 一度愁苦不堪。后来，她为女儿换了一所学校，孩子也终于开开心心地去上学了。

在一般人看来，她们家的事情已经圆满解决了，但是 T 却不这样认为。有一天，她特意参加了女儿学校举办的家长教师联谊演讲会。

在两个多小时的讨论当中，T 发现了自己的不足。她并没有满足于成功帮助女儿重回校园这件事，而是希望自己也能像书上说的那样，成为一名有能力指导孩子的合格家长。

T 开始了新一轮的学习。不同的是，这一次她并不是为了直接解决孩子的某一问题，而是为了扎实地把握好自己的人生重心。

于是，本是一名家庭主妇的 T 开始工作了。这时她的孩子一个上初中，一个上小学高年级。作为家长，她已经正式步入了一个向孩子们展示自己生活方式和人生态度的时期。她正通过自己一步一步地前进，向孩子们讲述和展示正确的生活态度。

一个人的成长永远不会太晚。我们应该随时发现问题，解决问题。发现问题的时机，就是成长的时机。

话虽如此，家长们还是要注意：教育孩子是有时间限制的。其一，儿童时代对一个人的人生会有极其巨大的影响；其二，正常情况下，父母一定会早于孩子离世。

在孩子 7 岁以前，我们应该训练孩子准备好自立；在孩子 14~15 岁之前，我们应该教孩子学会控制自己的情绪和行为。家长必须充分利用孩子前 15 年的时间，引导孩子为今后的人生打好基础，以便将来可以作出正确的人生判断和选择。接下来的 3 年时间，家长则需要陪伴在孩子身边，逐步确认孩子是否已经具备独立的人格，能否依靠自己的力量度过今后的人生。

千万不要等到孩子长大后才后悔万分，恨自己没有将孩子教好。到那时一切都太迟了。并且，家长们也不能照顾孩子一辈子，对于孩子最关键的，就是要让他们能独立自主地生活。

现在努力还为时不晚，同时也希望家长朋友们把握每一个时机，不要让教导孩子的机会轻易溜走。

第五章

爱是常觉亏欠

◆ 沉默是金

下面我将要介绍一位母亲的亲身经历。这位母亲叫 K，她曾特意将自己的体验写信告诉了我：

我有一个上高中的儿子。在儿子的教育上，我可谓煞费苦心。回想起来，仍觉得自己需要反省的地方很多，也做了很多后悔的事，因此我时常责备自己。我真的很想改变这种状态，还好我遇到了您的书。

以前，我只要和儿子说话，就忍不住指示、命令，要不然就是训斥。我自己也觉得很难过，但总是想不通为什么孩子总做些让人难以理解的事。

读了您的书之后，我突然意识到：一直以来我对儿子的教育都过于主动了。我总是在主动要求儿子，却从未对儿子的想法有过了解。您在书中写道："认真倾听孩子的话，是支持孩子的根本。"所以我决定先从"倾听的技巧一：沉默"开始实践。

原本我以为倾听很简单。但是实践起来却发现，要保持"沉默"其实是非常困难的。我甚至一度觉得，一直保持沉默、听从我的指示和命令的儿子实在是太了不起了。保持沉默的难度，不真实体验一下是很难理解的。

不过我还是克服心理难关，坚持沉默了一个星期。而儿子的反应却是："妈妈，你身体不舒服吗？"要知道，儿子本来非常反感我对他说教，对我唯恐避之不及，如今却主动和我说话了，不得不说这是一种很大的改变。

接下来，儿子逐渐吐露了一直存在他心里的不满。

"妈妈你的要求太高了。如果按照妈妈的要求生活，人生还有什么乐趣呢？"

"我读四、五、六年级时都好讨厌学校。特别是五年级的时候，在学校老师唠唠叨叨，回到家妈妈又没完没了地说教，我连喘口气的地方都没有。那时我甚至想，从阳台跳下去算了，但是一想起电视剧里的人坠楼的惨相，我又觉得很害怕……"

那次，儿子主动跟我说了很多心事，让我倍感欣慰。

他还说："有时我也很想跟妈妈聊聊天，说说自己的真实想法，可是，每当我说一句，妈妈就回敬我三句。我也就没什么心情说了。那时觉得和妈妈说话好可怕啊！"

听到儿子这样说，我惊诧不已。一方面心里庆幸着儿子没有选择自杀，一方面又发现自己以往的做法实在是大错特错，我竟然因为自己的不安，就让儿子每天听一些无用的唠叨，甚至连儿子受到伤害也没有察觉。

儿子继续说："但是，我现在一点儿也不介意妈妈总是骂我了。因为我现在过得也很开心，仔细想想，妈妈以前的很多建议都是正确的。"

儿子的这些话，真是救了我一命。直到现在，儿子也时常跟我说些小时候的不愉快经历。我也逐渐养成了认真倾听儿子讲话的好习惯，变成了一个可以坦诚交流的倾听者。

以前，看到儿子整天无所事事地看电视，我一定会火冒三丈，大发雷霆："还不去学习？""不要整天就知道看电视！没有正事做了吗？"可是现在我的方法是保持沉默。没多久，儿子就会自言自语地说："该学习了！"于是我也会喜笑颜开，在心里默默地说："看吧，我的孩子自己知道学习了。"

自从我养成"沉默"的习惯之后，不知不觉我变得不再怨天尤人了，属于自己自由支配的时间也增多了。我的心情也越发开朗起来。

我切实感受到，一个母亲即使"沉默"地守在家人身边，一家人也会其乐融融。

◆ 学会倾听

大多数情况下，家长都是未经任何许可闯进孩子的人生的。

有些父母习惯于对孩子发号施令——"你去做那个""你去做这个",从来意识不到自己是在干涉孩子的人生。

假设你干涉的是别人家的孩子,一定会有人叫警察来将你轰走。可你的孩子却没有办法,他不能叫警察来,他能做的只有忍耐。

我们每个人的人生,都可以看作一本叫作"我"的小说,下一章写些什么,不继续读下去是没办法知道的。正因如此,人生才显得有趣。假如每个人都知道自己的一生将怎样度过,人生的乐趣会减半吗?我想我们甚至会失去活着的乐趣吧。

可是有些家长却喜欢做一些无谓的预测:

"如果你再这样下去的话,肯定考不上好高中的。"

"如果你的成绩再继续下降,你打算怎么办?"

"有哪个大学会愿意录取你这样的学生呢?"

这些不吉利的预测只会让孩子对现实充满恐惧。

学习成绩好坏,上高中,上大学,这些都是非常现实的问题。这些现实问题一旦发展成恐惧,就可能将孩子推入烦躁不安的深渊中。

所以,请不要随意在孩子的小说中描绘灰暗的未来。这只会让孩子不安的心更加沉重。

我们应该用心倾听孩子不安的心声。而且在倾听时,家长不需要给予任何口头上的安慰。要知道，孩子需要的只是倾诉而已。默默地、平心静气地听孩子讲完他的心事，孩子自然而然会纾解情绪。

从孩子的角度看，父母都有着丰富的人生经验。如果父母可以平心静气地倾听自己诉说，说明有些事情是正常的。孩子们也就会觉得没什么可担心、不安的了。

可能有些朋友会说，正是因为爱孩子才不能放任他们，才需要在孩子犯错时加以指点。

其实，这里所说的"沉默"，是有目的的沉默，正是因为我们想要帮助孩子，想要为孩子做些什么，我们才选择沉默地倾听孩子的诉说。前文中 K 的故事就是一个很好的例子。

如果我们不知道孩子在想些什么，不知道孩子的感受如何，就没办法恰当地帮助孩子。那些忽视孩子的真实感受，一味地按照自己的意愿对孩子指手画脚的做法，其实是家长试图让孩子满足自己期望的一种自私行为。

沉默利于倾听，而倾听并不是一种多么复杂的行动，它只是一种传达爱的表现，是在告诉孩子："你说的话，对我来说非常重要。"

◆◆ 诚心致歉

回顾 K 的例子我们会发现，原来孩子也对父母充满爱意。

如果家长犯了错，向孩子道歉是非常必要的。但是，向孩子道歉之前，家长们一定要做好心理准备。因为，一旦家长道歉了，就要拿出实际行动来改正错误，否则孩子会认为家长的道歉只停留在表面。

K 的儿子之所以接受 K 的歉意，是因为 K 的行为有了改变，她愿意耐心倾听儿子的心声了。假如家长只做表面功夫，言行完全不一致，反而会更加伤害孩子的心。

虽然我一直在宣传心灵沟通的理念，但事实上，我自己也未必能完全按照这一理念行事。偶尔有一些特殊情况，让我没办法理性思考，还是会做出伤害女儿感情的事。

最让我痛苦的，就是前一天我刚刚对女儿说了不该说的话，第二天马上就要对家长作演讲。讲着讲着，我就会想起前一天发生的事，随之受到心灵的谴责。有时我甚至会觉得自己已经没有资格继续宣传家教理念了。

所以有一天，我正式向女儿道歉了。

我说："妈妈总是在人前说得好听，事实上却常常对你说些过分的话，真是羞愧啊……"

谁知女儿却很谅解我。她认真地听完我的话之后，鼓励我说："妈妈不要那么说，我一直觉得妈妈是最棒的，妈妈要加油哦！"

在本书的第三章中我阐述了这样的方法："跟孩子讲一讲自己的过去，让孩子看一看自己的现在。"这里面讲的和看的，并不仅限于家长的宏图大志和美好希望，还包括让孩子了解家长的弱点和缺点，毫无保留地向孩子表露自己的真实心情。当自己不知道怎么办时，就直接向孩子表示"我不知道"；正在反省时，就直接对孩子说"我正在反省"；觉得对孩子很抱歉时，直接说"我很抱歉"就可以了。

家长不是万能的，所以有些事情不会做，或者偶尔犯错也是人之常情。

如果家长犯了什么错，正视这些错并认真改正就可以了。青春期的孩子可以以一个旁观者的立场，冷静看待父母的过错。他们不但不会抱怨父母，甚至会反过来鼓励父母。

家长朋友们，让孩子看到真实的你吧。真实的你可以向孩子传达一种非常有力的信息，那就是父母也是平凡人而已，我们只要坦率地活着就足够了。

如果家长需要向孩子道歉，建议你诚心诚意地直接道歉，不要转弯抹角。

千万不要说："这件事是我不好，但我也是为你着想啊……"因为这些话听上去像在为自己的过失辩解。错了就是错了，即使你原本是为孩子着想，以此作为借口的话，孩子将无法感受到你的真心，他会觉得你只是在做表面功夫。

其实你只要说："刚才我说得太过分了。一定让你伤心了吧。对不起，我会好好反省，请你原谅我吧。"

这样清清楚楚表达自己的歉意就可以了。假如你的孩子像 K 的儿子一样，主动跟你提起过去的事，那么你只要说："我真的很抱歉当初说了那么多不该说的话。如果别人这么过分地说我，我也一定会非常伤心的。"

这样既可以让孩子觉得你赞同他的想法，也可以适当地表达歉意。

有时候，即便你已经道歉了，孩子还是会说："我才不原谅你。"发生这样的情况时，请不要担心。因为这不过是孩子在试探你的真心。千万不要将这样的话当真。为人父母者，要善于忍耐，并且细心解读孩子的心声。

◆◆ 做出爱的形式

我想一定也有人觉得自己的孩子不可爱吧。虽然我在演讲会上提问时，从没有人举起手来表明过类似的态度。毕竟这样的话，家长们不可能当众说出，只能在私底下偶尔说说，或者埋藏在心底。有些家长怀着这样的想法时，会内疚得哭泣。因为没有人能接受自己讨厌自己的孩子。

前些天，我在一次演讲会上遇到了这样一位母亲。她有一个上初中的儿子，她说她没有办法喜欢自己的儿子。因为儿子从小和她就不亲，现在两个人简直水火不容，矛盾非常严重。

一个人讨厌另一个人一定是有理由的。首先，家长讨厌孩子，很可能是因为家长本来就讨厌自己，而孩子刚好继承了自己身上那些令人厌恶的特点，于是家长就将厌恶的情绪转移到了孩子身上。这种厌恶，追根究底并不是针对孩子，而是指向家长自己。其次，有些母亲讨厌孩子，可能是因为孩子某方面与父亲相似，而母亲刚好讨厌父亲的这些特点。再次，就是家长本身对爱不敏感，他们不太容易爱上谁。

以上这些情况，无论哪一种都与孩子自身没什么关系，但家长却会基于这些原因不喜欢孩子。

孩子们带着各自的天性来到世界上，除此以外都是一张白纸。有些母亲却对这一张白纸进行主观判断。她们会想"孩子有没有和自己很像"，或者"孩子和他爸爸好像啊，我最讨厌他爸爸那个样子了"。接下来她们就会带着这些先入为主的观念来审视孩子的一举一动，一旦找到了可以证明这些判断的迹象，她们就会想：

"我就知道会这样。"从而开始讨厌孩子。

这个过程中最冤枉的就是孩子。在他们还没弄清楚什么是好恶时，自己就已经被讨厌了。可是他们却毫无办法，只能默默承受，一点点长大。父母戴着有色眼镜看孩子，很可能成为孩子不幸的根源。

当家长们愿意对我说出他们的心事时，我心里非常感激。不仅为我自己，也为他们的孩子。因为家长嘴上敢于说出"我家小孩一点儿也不可爱""孩子烦死人了"，正说明他们的心里并不认为厌恶孩子是理所当然的，他们也正在为此事忧心。

因此，我要建议这些家长朋友，你们可以试着先从形式入手。所谓的形式，就是先做出爱孩子的样子，比如直接告诉孩子你爱他。如果你的孩子是个上小学的女孩，你可以每天对女儿说好几次"我爱你"，女儿一定会欣然接受，母女两人的感情必然会迅速升温。

可是，如果你的孩子是个正在读初中的男孩，可能就会麻烦一些。因为对着表情冷峻的十几岁男孩子说一声"我爱你"是一件很难的事。

所以我们要从更简单的地方着手。首先你可以适当增加与儿子说话的机会，比如上下学时打招呼，多和儿子说几句"路上小心"或者"太谢谢了"。然后在儿子为你做什么事后，对他说："儿子，你好棒哦。"儿子一定会有些诧异，这时你就可以顺势对他说："有什么奇怪吗？你是妈妈的乖儿子，妈妈最爱这样的你了。"

没有哪一个孩子会拒绝父母直接向他们表达爱。即便有，也一定是表面现象。他们可能会有些害羞，或者不太确定父母说的是否是真的。

"我爱你"这句话有超乎寻常的力量。当家长放下自己的威严时，他们爱孩子的心意也会无限扩大。所以，不要再犹豫了，试着对孩子说"我爱你"吧。

◆ 支持到底

当孩子开始接受父母的爱时，父母需要做下一件事，那就是教孩子懂得责任。家长要事先做好自己的培养计划，然后一步一步地实行。

我们仍然以前文中的 K 为例。与儿子交心后，K 的第一步是宣布不再叫儿子起床，这样做是为了让儿子对自己的生活负责任。而她的儿子因为事先与母亲做了交心的沟通，所以心甘情愿地接受了母亲的决定。接下来，K 连衣服也不帮儿子洗了，让儿子自己洗。而她的儿子也毫无怨言地接受了"自己的事情应该自己做"这个规则。

当孩子明确知道父母是爱自己的，他们与父母的心就会连在一起。所以，父母将孩子的事交给孩子自己做，或者不在意他们的某些行为，孩子们也会理解，他们更容易明白父母这样做是基于爱，终究是为他们好。

但是，如果孩子与父母之间没有建立起情感纽带，他们就会从心理上排斥父母作的一些决定。当父母对他们说"自己的事情自己做"时，他们会认为这是父母懒得管他们，任由他们自生自灭，因而满腹抱怨，不愿接受。

因此，培养孩子的责任意识，必须建立在孩子与父母建立了默契的基础上。

为了让孩子顺利成长，早日自立，家长需要为他们描绘一个理想的未来，并以此为目标，全力支持。让孩子明白我们的爱并不是根本目的，是要在此基础之上，帮助孩子创造属于他们自己的美丽人生。

第六章

责任决定品质

◆ "责任"决定生活的品质

下一步我们需要做的，就是认真思考自己如何帮助孩子养成责任感，并就此展开行动。

懂得行为的因果关系，认真思考自己应该采取何种行动才能达成目标，并加以实行的能力，即我们常说的"责任"。

一提起"责任"这个词，人们首先联想到的一定是一些"不得不为"的事情，觉得是让人背负压力、倍感沉重的负担性行为。而我所说的责任一词并非此意。

责任这个词，在英语中对应的单词是"responsibility"，这个词是由"response（反应）"和"ability（能力）"这两个词组合而成的。其意思是对日常生活中必须加以反应的事物，拥有能够独立自主的积极反应的能力。而这个意义，才是我希望家长朋友们教给孩子的"责任"。

人类有一种对反感的事物产生反应的本能。因为正常情况下，大家都在追求舒适的感受。比如，今天你穿着一件薄外套出门了，觉得很冷，那么第二天你一定会换一件暖和的衣服。如果你觉得电风扇很吵，那么你一定会将它关掉。

总之，假如人们不喜欢某种体验，就一定会想方设法改变这一体验的根源，以让自己不再受其困扰。这就是我所说的"责任"。

懂得责任的孩子，遇到令自己不快的情况时能够迅速作出反应，寻找发生这种情况的原因，并凭自己的意愿改变这一情况，让结果向着有利的方向发展。随着这些体验的增加，孩子就能逐渐掌握创造自主人生的能力。

我曾向家长们提出一个建议：从当下开始早晨不再叫孩子起床。

其实这是为了让孩子自己来安排时间。这样孩子就必须思考几点钟起床上学才不会迟到，为此前一天晚上几点钟就要上床睡觉。一日之计在于晨，起床这件看似不起眼的小事，完全可以成为孩子学习责任意识的第一步。

认识到睡懒觉会造成迟到等令人不快的结果，人们就会思考解决的办法。孩子也是一样，如果上学迟到了，一定会被老师批评，或者会被同学嘲笑，这样孩子就会想："好烦啊，我再也不想迟到了。"于是，为了让自己摆脱这些不快，孩子就只有早起了。

但是有些家长说："我们家的孩子神经很大条，没有什么事能让他不快的。"

人和人原本就各不相同，尤其是那些与老师和同学都相处得不错的孩子，即使被老师批评几句，或者被同学开几句玩笑，不往心里去也是很正常的。因此，我们必须让孩子自己感受到其行为所带来的不利后果。

有一位母亲，她的儿子非常开朗，在班里也相当受欢迎。这位母亲充分利用了孩子与老师的感情，开始了培养孩子责任意识的计划。首先她宣布不再叫儿子起床，然后又私下里对老师说："我儿子要是迟到的话，你一定要狠狠地批评他一顿，麻烦您了。"

另外她还请老师要对儿子多说一句话："老师不希望你迟到，但是老师怎样才能让你不迟到呢？"按照这位母亲对儿子的了解，听到自己向来尊敬的老师这样说，儿子一定会回答："请老师放心，明天开始我一定早早起床。"

你可以吗？

作为一个具有独立人格的成年人，你认为自己的人生是掌握在自己手里的吗？你是否觉得只要努力了，就一定会有回报呢？如果你的人生充满波折，你会认为这是别人造成的吗？你又是否有时觉得自己是一个受害者呢？还是你认为所有不幸的结果都是环境造成的？你会因为自己是受害者，而内心满含仇恨和嫉妒吗？

如果你也有以上情况的话，那么，教育孩子就是一次重新学习的机会。这也算是辛苦教育孩子的一点回报吧。所谓让自己成为人生的主人公，就是指自己心里非常清楚——命运是掌握在自己手里的，通过自己的努力，可以让人生变得更精彩。

人活着是自己的事情，别人无法代替。也就是说，一个人在人生中能够得到什么，能够体验到怎样的满足感，所有的这一切都要靠自己来完成。

人们常说：种瓜得瓜，种豆得豆。播下正确的种子，才能得到自己想要的果实，如果播下了其他种子，那么，也只能收获别的东西了。

这个看似极其简单却富含哲理的道理，我们不但自己要充分理解，而且也有必要教给孩子们。

至于教授的方法，除了父母的言传身教以外，将日常生活中的一些小事交给孩子们做，让他们自己从中体会，也是一个很好的办法，而且一定会取得很好的效果。

孩子有自己的人生，所以家长们大可不必事事躬亲，那些孩子力所能及的事就放心交给他们自己吧。让孩子在实际行动和各种结果中真实地体验人生吧。

◆ 为孩子设定一个界限

好朋友 A 曾经和我讨论过他儿子的教育问题。当时 A 的儿子正在上初中，他和儿子相处得非常融洽，常常羡煞其他家长。

可是有一天，警察突然找到 A，说他的儿子有在超市偷东西的嫌疑，让他去警察局一趟。A 慌慌张张地赶赴警察局，发现一群集体盗窃的青少年中果然有自己的儿子。

A 当时简直像遭到晴天霹雳一般，觉得自己完全被欺骗了，于是就大哭起来，然后不由分说冲向儿子开始拳打脚踢。那也是他第一次对儿子动手。打到后来连他自己的手也受了伤，想必儿子被打得非常疼吧。

A 的儿子有生以来第一次被父亲打。据说当时由于 A 打得太凶了，连警察都出面制止，好不容易才将他拉开，然后还一直劝他："请你还是冷静一下吧。"可 A 当时根本没办法冷静。他立刻就给警官跪下了，不停地为儿子的恶劣行为道歉。

经过警察的问询，事情的原委终于被揭开。原来是儿子的一些坏朋友商量去超市偷东西，问儿子要不要一起去，儿子当时也没怎么反对，就跟着一起去了，没有直接参与偷窃。但是 A 却认为，对于偷窃，儿子没有直接拒绝，这仍是儿子的过错。

这次经历对 A 的儿子是一个极大的冲击。他为了一时的乐趣跟着大家一起去偷东西，结果刚好被警察逮到了，又被父亲痛打了一顿。最让他震惊的，是他最深爱的父亲，居然因为自己的过失跪在警察面前不停地谢罪。

他看着受到伤害的父亲，心里也越发地痛苦，结果这件事情让父子两人都受到了伤害。

通过这件事，A 有意无意地为儿子设定了一个界限。儿子也一定明白了，超越界限的事是不可以做的。因为他再也不想伤害自己的父亲了。从那以后，A 的儿子再也没做过任何让父母担心的事。

到这里为止，我已经介绍了几个父母为孩子立界限的具体例子：

本想和朋友们一起集体离家出走，却因为害怕被父亲暴打，只好放弃的儿子；不想活下去了，可是一想到自己自杀后母亲的状况，就遏止自杀念头的女儿；看到父亲在警察面前下跪，感到羞愧不堪，下定决心再也不让父亲伤心的儿子。

这些事件全部是偶然发生的。并没有哪位家长事先就想好，我要做这样一件事情，为孩子设立界限。

那么，我们要怎样做，才能有意识地为孩子设定界限呢？那就是通过教授孩子拥有责任意识来完成。只要家长放手让孩子自己去做，在不快的体验变得舒适的过程中，孩子一定能够体验到更多。

这样一来，孩子就可以成为一个善于选择的人。他们绝不愿意因为一时的感情用事，给自己和家人引来祸端。

除此之外，家长还应做好以下几点。

1. 明确辨别是非善恶

家长一定要能够明确分辨好坏与善恶，并将这些观念传授给孩子。好就是好，不好就是不好，含混不得。

如果家长自己都没有一个明确的基准，孩子也会混乱不清。而且家长绝对不能因为一时之气，颠倒是非，混淆黑白。如果连是非善恶的标准都可以随时更改，孩子又怎么会信任你呢？

另外，如果孩子受到的限制过多，他将无法发挥自己的真实能力，变得畏首畏尾，甚至影响将来的生活。

因此，请你一定要明确"能做"与"不能做"的界限。

2. 做好事的孩子， 应该受到表扬

自古以来，作为父母，都强调以身作则，言传身教。当孩子做了错误的事情时，我们一定会大声训斥，或者小声提醒。可是当孩子做对了什么事情时，很多的父母却认为那是理所应当，无须多说的。所以，我建议，如果你的孩子做对了什么，请直接告诉他，表扬他。

3. 禁止使用暴力

虽然前文中我几次提到家长体罚孩子非常奏效的例子，但这样的体罚一生一次足矣。因为孩子这一生中只被父母打过一次，在孩子的脑海中会深刻记住，所以能够发挥设定界限的作用。

我们教育孩子千万不可动辄暴力相向，首先应该以身作则，向孩子说清道理。那些平时总是对孩子施加暴力的家长，会逐渐丧失讲道理的自信，他们将逐渐变得无法与孩子沟通。

◆ 让孩子明白人生无法事事如意

当孩子提出不切实际或者超出范围的要求时，家长一定要硬下心来，明确地回答孩子："不行。"从家长的角度和处事原则来看，总有一些愿望是没办法帮孩子达成的。

这个时候，家长需要对孩子的想法表示理解，并耐心与孩子沟通。我们不是要操控孩子的行为，只是需要让孩子知道："爸爸妈妈说过了，一旦说了不可以做的事，就绝对不能做。"

以下就是一个很好的例子。

"妈妈，拜托你了。小美妈妈和丽香的妈妈都同意让她们去了，你也让我去吧。拜托拜托。"

"我不是说了不行吗？而且你爸爸也说了不行的。小孩子怎么能自己上街买东西呢？"

"为什么？小美她们都去呢。为什么偏偏我就不行？"

"前几天你不是已经和奶奶上街买过东西了吗？哪有天天去逛街的啊？"

"我不想和奶奶一起去，我想和小美她们一起去。你就让我去吧，好不好？"

"不行就是不行。等下个月你爸爸有空的时候，我们全家一起去逛街多好啊。"

"我不想和家人一起去，我想和朋友一起去。妈妈你怎么听不明白呢？妈妈好像什么都不懂似的。"

"你说什么呢？不行就是不行，不要再说了。"

发生这样的情况时，如果父母向孩子妥协，孩子就会认为只要多求爸妈几次，多撒撒娇，什么事都可以如己所愿。

我们必须让孩子明白人生不能事事如意，甚至不如意者十之八九。要拿出坚决的态度，说明你的底线。

"妈妈，拜托你了。小美妈妈和丽香的妈妈都同意让她们去了，你也让我去吧。拜托拜托。"

"我知道你也很想一起去，但是不行。"

"为什么？小美她们都去呢。为什么偏偏我就不行？"

"我已经和你说过了。你还小，妈妈还不能让你一个小孩子去逛街。"

"干吗这样啊？好烦啊，我想去嘛。"

"很烦是吧。这种心情我能理解。"

"妈妈既然知道，就让我去嘛。"

"我知道你很想去，而且也知道，妈妈不让你去令你很烦。如果妈妈是你的话，也一定会这么想的。但是，我还是不同意你去。"

当孩子们被禁止做某件事时，他们一定会问："为什么？""人家都可以，我怎么就不可以？"即便家长尽心尽力地向他们说明原因，他们也不一定愿意接受这个结果，甚至想要父母解释得更详细。

父母们常回答"不行就是不行"，或者"人家是人家，我们是我们"。这样的说法孩子是不会认同的。所以家长还是需要向孩子做些基本的说明。只要说出你的底线就可以了，理由不需要过于冗长。当然，家长有时说着说着心里会充满负罪感，觉得自己对孩子太严厉了，孩子很可怜。说到最后，你的说明反而就变成了对孩子严厉的借口。我们必须明白，家长的说明并不是让孩子接受现实的交换条件。

向孩子说明不可以做的事情时，不要忘了让孩子了解自己家的实际情况，并尽量站在孩子的立场去思考问题。放任不管或与孩子争吵都不是我们的目的。我们的目的是让孩子明白，这个世界是有规矩、有限制的，不是想要什么就能得到，而且有些界限是绝对不可跨越的。

当孩子明白了这个道理之后，他们的敌人就不再是爸爸妈妈，而是那些无法跨越的界限。因为界限依然存在，他们就会明白：这些界限是父母也绝对不能触碰的。

因此，让孩子明白界限的存在时，请不要忘了站在孩子的立场上讨论问题，要让孩子明白，你是站在他这边的。孩子总有一天会领悟到接受现实的重要性。

从某种意义上来说，这也是宣布了父母为孩子所做的事是有界限的。或许孩子会说："干吗不叫我了？我起不来，你还是叫我吧。""你在说些什么啊？起床这样的小事还需要爸妈为你做吗？"这时，如果父母这样说的话，势必会引起双方的对立，让孩子觉得爸妈不关心自己。因此，家长告诉孩子界限为何物时，切记不要让自己站在孩子的对立面。

这时家长最好说："是啊，你一定很担心自己会起不来吧。妈妈也很担心呢。"

于是孩子一定会这么说："是啊，所以你还是叫我起床吧。"这时你只要也只能说这一句："但我不能叫你。因为这是你自己的事。"

◆ 在自由中懂得责任

假如你掌握了前文中的所有方法，那么与你长期相处的孩子一定能理解自己家有着某些不可超越的界限，并且逐渐掌握怎样既不碰触界限，又可以愉快生活的方法。

接下来，家长最重要的工作就是帮助孩子在这些无形的界限中，自由自在地成长。也就是说，界限是严格的，但是界限里的生活，却可以是自由而多彩的。

在子女教育的问题上一直存在着一些争议。其中，家长应该严格限制还是让孩子自由成长是一个长期争论的问题。但是我认为，这个问题的出发点本身就是错误的。这里根本不存在选择"严厉"还是"自由"的问题。没有任何限制的"自由"对于孩子是极其危险的。而界限过多，规矩过多，却只能剥夺孩子的自由，让孩子失去生活的热情，甚至可能会令孩子失去生存的欲望。

最好的办法就是家长设定一个界限，只要界限以内的事情，都交由孩子自己去做。让他们真实地体验快乐与不快，学会看待不快和将不快转变为快乐。

自从手机开始普及之后，我就常听说父母和子女因为电话费的问题而产生摩擦的事情。有些父母和孩子还因为此事闹得不可开交。其实这也是一个有关界限的问题。因为父母没有事先为孩子设定好界限，才引发了种种不快。

我可以教给家长朋友们一个好办法。给孩子买手机时就与孩子约定好一个月给他支付多少电话费，只要是这个数额之内的，孩子可以任意使用。如果孩子的电话费超过了约定的界限，那么超过的部分由孩子自己出。孩子没有钱的话，就只能从下个月的电话费里扣除了。通过这个办法，不但可以解决实际问题，还可以让孩子对自己的行为负起责任。

给孩子零花钱也可以采取同样的做法。先决定好一个月给孩子多少零花钱，然后绝对不多给。这样的话，孩子就不会在决定好的数额外与父母讨价还价了。但是，这些零花钱却可以由孩子自由支配，他们想买什么就买什么。父母可以从旁密切观察，只要他们没有什么过分的举动，就不需要对他们指手画脚。

可有些家长却完全相反。他们不为孩子设定任何界限，却每天因为孩子讲电话的时间太长而唠唠叨叨。这样的做法完全偏离了要害，是不可取的。就好像屋顶破了却不想办法去补，等到下雨时，只会急急忙忙地擦地板，然后对下雨这件事叫苦连天。

在一定的界限之内给孩子以足够的自由。这样的话，孩子所面对的问题就是孩子自己制造的，需要孩子自己去解决。当孩子们不得不面对这些问题时，他们才会开始思考自己的所作所为是否适当，会想办法解决这些问题。这才是一个孩子面对问题时的正确态度。

如果父母没完没了地唠叨，孩子们面对的就不再是怎么解决电话费和零花钱的问题了，而是怎样停止父母的唠叨。孩子也没有办法认真思考自己制造的问题，更没有心情去感受和学习如何承担责任。面对着不停说教的父母，孩子们会越发地反感，他们唯一的想法就是从这种状况中逃离。所以，父母不讲策略地介入孩子的问题，完全是一种多余的行为，只会让孩子好不容易得到的学习机会溜走，让孩子养成责任意识的时间延迟。

让孩子拥有责任意识，并不是一天两天就能完成的。因为孩子需要时间仔细思考，家长们必须给予孩子思考的自由。

◆ 教孩子学会控制自己

为什么有些家长总是习惯对孩子指手画脚，甚至让孩子来之不易的学习机会溜走呢？

那是因为这些家长混淆了自己的职责所在。他们误认为作为一名家长，自己应该代替孩子做各种决定和手把手地教孩子做事。

其实，我们根本无须整天操心孩子具体做什么。父母应该做的是为孩子创造一个可以自主学习的环境，让孩子在这个环境中积蓄为自己的人生打拼的力量。

在这样的学习进程中，孩子可以拥有更多自由，他们时而光彩夺目，时而暗淡无光，时而激情高涨，时而痛苦彷徨……但这些都是创造人生的必经之路，他们一定会越来越强。终有一天，孩子们会明白，不管多么艰辛，人生是自己的，命运是掌握在自己手中的。

并且，在逐渐掌握人生的过程中，孩子也会学着严于律己。因为他们知道，如果不严格要求自己，就无法得到自己真正想要的，人生也就不能开心肆意。

◆ 培养孩子的"责任意识"是充满理性的工作

前文中已经阐述过，让孩子感受到爱是一项充满"母性"的工作。与此相对，教孩子学会承担责任则是一项充满"父性"的工作。这并不是说这项工作必须由父亲来完成。很多成功的母亲都能调节好平衡，在"父性工作"和"母性工作"的转换中游刃有余。

大多数情况下，养育婴幼儿和青少年的主要任务都是由母亲承担的。母亲运用强大的母爱，包容、守护、宠爱着她们的孩子，并在此过程中教孩子学会爱与被爱。

可是，当孩子到了青春期，很多母亲却无法适应自己与孩子的转型期。她们会时常忽略孩子已经逐渐长大的事实，不自觉地把孩子当作什么也不会的婴儿，继续按照以往的方式对待和教育孩子。

然而对那些正在试图摆脱父母束缚的孩子来说，母亲的干涉很多时候显得多余。于是他们会想方设法地与父母拉开距离，寻找自己的自由，而对此忧心不已的母亲又会亦步亦趋地追赶他们。

此时最需要的就是理性。

因为母性使得大多数母亲无法忽视孩子所忍受的任何不快。

母性过强的人会敏感地察觉到孩子的丝毫痛苦，并为了让孩子尽快脱离这些不快而不断出手相助。

与此相反，父亲对于孩子的不快却显得有些迟钝。他们很少能感同身受地体会孩子的辛苦，不到万不得已绝不出手相助。所以理性强的人才能冷静面对孩子的痛苦，孩子也才能相对较快地学会责任意识。

下面是一对父母的例子。这两个人有一个正值青春期的孩子，关于如何教育孩子，二人时常发生口角。其中，母亲因为担心孩子，常常主动与丈夫商量对策，可丈夫却总是说："不要管他，等他摔了跤就知道该怎么做了。"

妻子听到丈夫这样说，总是感到非常气愤："他怎么能这么不负责。他从来都不知道关心孩子，整天就知道工作。还说什么等孩子摔了跤就知道怎么做了。等孩子摔了跤就晚了！"

那些更感性的母亲会觉得这是丈夫对孩子的放任，是一种不负责任的表现。于是她们会越发觉得自己孤立无援，只能将自己所有的爱倾注到孩子身上。而孩子，也将与学会责任意识这条成长必经之路渐行渐远。

◆ 不要提前掉以轻心

近年来，青少年的犯罪和各类问题越来越低龄化。有致人受伤的孩子，有杀人放火的孩子，有自杀的孩子，有不愿面对现实而吸食毒品的孩子，有自闭的孩子，有让家人提心吊胆的孩子，有逃学的孩子……

没有为自己的行为承担过后果的孩子，自然不能想象自己做完一件事情之后要承担的责任。对方会如何应对，母亲的感受又是如何，父亲又会有怎样的看法，这些都是孩子想象不到的。甚至连自己会怎样，他们也从未考虑过。

一位母亲曾经对我诉说过她的经历。她有一个女儿，她和丈夫非常疼爱这个女儿，可以说爱若珍宝。从孩子很小的时候开始，他们为了表示对女儿人格的尊重，从不让女儿做她不想做的事。甚至连女儿挑食他们也从未有过异议，从未强迫过女儿。

他们满足女儿的任何愿望，尊重孩子的所有意见，他们认为自己给予了孩子充分的自由，并且相信唯有如此才能培养女儿的个性。

可是，女儿上了高中后却时常提出一些不切实际的要求，如果父母不能满足，女儿就会非常生气，还说不想与这样的父母在一起。后来，她离开了家，借宿在朋友家里，父母连她住在哪里都不知道。

后来这个孩子退学了，而且基本上很少回家，父母也见不到她。这就是一个没有任何界限的限制，无法无天地活了 15 年的女儿。

这位母亲非常心痛。她是那么爱女儿，可结果却变成了这个样子。没错，这就是溺爱。

正因为他们溺爱女儿，才导致女儿不知道这世界上还有得不到的东西。正是因为溺爱，他们才未告诉过女儿，有些事情是不可以做的。他们没有给女儿设定过任何界限，只是按照女儿的意愿不停地给予。

当孩子年幼时，这样不停地给予不会产生什么问题。因为孩子的要求通常都很小，所以家长们会觉得这么点小小的愿望，让孩子满足一下也无所谓。但15年过去了，家长必须面对现实了。从未受到任何拘束的女儿的心，还是与儿时一样没有防备，以为自己仍然能够随心所欲，因而在现实社会里迷失了方向。

像这样教育孩子，是当前极其常见的问题。

目前，在物质要求和行为方式上没有受到限制的孩子越来越多。我们作为家长，千万不要等到无法无天的孩子充满了整个社会，造成重大事故之后才慌慌张张地收拾残局。

第七章

如果你的孩子尚未
懂得"责任"

◆◆ 自我诊断孩子的教育情况

下面，让我们试着回顾一下自己的子女教育历程。可以分为以下几个阶段。

阶段一：付出爱

请回顾一下你是否让孩子充分感受到了来自父母的爱。一个孩子，需要在充满爱的环境中成长，他们需要认识到自己是一个值得被爱的人。如果作为一名家长，你觉得自己做得还不够，觉得自己还没有让孩子感受到你的爱，请回到本书的第五章"爱是常觉亏欠"，从这个部分开始努力吧。

阶段二：把握干涉的程度

假如你对自己给予孩子的爱充满信心，并且确定你的孩子也足够了解父母对他的爱，那么恭喜你，可以进入下一个阶段了，即把握干涉的程度。

请试着检查一下自己是否有以下情形：你是否因为太爱孩子，所以过分干涉孩子呢？你对孩子的教育采取的是哪种程序呢？你是否明确孩子应该做的事，然后给孩子以足够的信任呢？你是先看事情的结果怎样，然后才开始教育孩子的吗？你是否尚未明确自己的教育目标，只知道追在孩子的身后，一直说着"这个不行，那个也不行"，让孩子陷入不安之中呢？

以上这些都不是好的教育方法。

另外，我们还需要从不同的方向加以考量。孩子在很多方面的表现都非常优秀，总是受到夸奖，这是否助长了孩子的自我膨胀感？由于没有学习如何承担责任，孩子以自我为中心的倾向是否越来越强，你注意到了吗？

请仔细回想一下，到目前为止你的子女教育出现的偏颇，然后首先确认自己从何处着手进行改善。作为家长，你能做些什么，改变些什么？

阶段三： 构建有益的生活环境

接下来要谈的是孩子的生活环境，即家长的生活态度。请回顾一下，在没有孩子之前，你本人的生活状态是怎样的。面对孩子，你采取的又是怎样的生活态度。

省察你当前的个人生活，作为一名家长，你是否有一些可能妨碍孩子自立的问题呢？

你是否愿意让孩子看到你每日的生活习惯，并加以效仿呢？

你们夫妻感情安稳吗？相处融洽吗？

如果只有父亲在，或者只有母亲在的情况下，孩子是否听话，是否愿意安心接受你的帮助呢？

家里是否有可靠、稳定的经济来源，足够支持全家人的日常生活？

你的家居环境可否进行适当的改善，以让孩子的生活更加舒适，更有利于成长呢？

一家人是否定期在一起和乐融融地吃饭呢？

一家人是否时常坐在一起聊聊天呢？

一家人的生活愉悦开心吗？

你觉得自己幸福吗？

你是一个积极的人吗？

一个家庭，假如没有基本的和谐美满的生活，那么在这个家庭中成长的孩子也将很难自立。因此，家长本身就应该是一个自立的人。这一点非常重要。关于一个人的自立，我在本书第一章表达过类似观点：

重视并享受自己的人生，可以应对生活当中遇到的各种问题的能力；面对困难时，能够坚忍不拔继续前进的能力；冷静控制自己内心的情感起伏，灵活处理与别人的情感纠葛、和平相处的能力；能够清晰判断什么对自己是有益的，什么是无益的，理性构建自己人生的能力。

总而言之，所谓家长的自立，即是家长本身正在过着美满和谐的生活，拥有美好而幸福的人生。

孩子们的人生一定会受到父母生活状态的影响，而且这一影响远远超乎我们的想象。如果一名家长自立自强，拥有着幸福的人生，那么他的孩子迈向幸福人生的可能性也会极高。

因此，家长们在思索教育孩子的方法时，也不能忽略对自己生活的重视。家长需要时常反观自己的生活状态，冷静思考为了让自己生活得更好，自己还能做些什么，以及究竟怎样做才能活得更加充实。

追根究底，帮助孩子学习自立的过程，也是家长越来越自立的过程。引导孩子走上幸福人生的过程，也将是引导家长走上幸福人生的过程。

◆◆ 冷静客观地评价孩子

下一步，你需要冷静、客观地观察你的孩子，然后再进行理性的评价。

首先请认真思考一下，你最想改变孩子的哪一种行为呢？你希望孩子变成什么样子呢？到目前为止，你对自己的教育方法满意吗？你觉得在哪些方面有所欠缺呢？然后将这些具体的内容一一列出来：

不守约定，答应好的事情不能按时完成。

与家人对话和办事时态度粗暴。

晚上不按时回家。

欺负弟弟妹妹，常弄坏东西。

考试成绩与父母期待的相差太远。

过于坚持己见，从不知道妥协退让。

不好好上学，时常逃课。

每天早晨都要有人叫才能起床。

然后，让我们来认真研究一下清单上的内容吧。除了一些特殊的条目之外，其他内容是否基本都是所有青春期的孩子都会存在的问题呢？我想答案是肯定的。由于问题众多，如果一个一个地解决，将会有很大难度，而且会让家长和孩子觉得疲惫不堪。

所以我建议家长们可以从调整孩子的生活节奏入手。如果你的孩子还是个小学生，就马上教他早睡早起，并有规律地进行饮食。如果你的孩子是个初中生，那么可以让孩子自己学着按时起床，由孩子来控制上学的时间，诸如此类。

我常听说这样的事情：某家的孩子调整好生活节奏之后，其他方面也受到了良性影响，进而很多问题都得到了改善。而且通过调整生活节奏这件事，父母也间接地向孩子传达了自己严格要求的态度和认真教育孩子的良苦用心，这对孩子的成长是有百利而无一害的。

假如你的孩子在生活节奏上不存在问题，那么下一步则需要逐个击破清单上的剩余问题。

我们把注意力集中到一个问题上，试着思考和分析，为什么孩子会出现这样的问题呢？以"不守约定，答应好的事情不能按时完成"这个问题为例，很明显，我们需要做的是让孩子变得遵守约定。

这时，我们要设计好具体的教育流程，并一步一步地付诸实践。为此，我们必须先试着弄清孩子为什么会出现这样的问题：

（1）没有完全理解约定那件事的重要性。

（2）觉得即便不遵守约定也不会有什么影响。

（3）因为父母总是对自己指手画脚，孩子想通过不遵守约定来对父母表示抗议。

（4）觉得自己很特别，没必要遵守约定，这种事根本无所谓。

或许孩子不愿意遵守约定还有其他原因，我们姑且就以上面这4项为例，试着展开分析。

（1）以后家长将一件事交给孩子去做时，一定要留心自己的表达方式，让孩子理解事情的重要性。

（2）假如有一项任务需要孩子去做，可是孩子不做的话，也没有任何人会怪罪他，那么孩子自然就乐得不遵守约定，免得自己麻烦。因此父母与孩子约定时的严谨态度也是不可或缺的。

（3）家长首先要改正自己的态度。如果家长真心想将一件事交给孩子去做，就应该给予孩子充分的信任，也就不会出现反抗和抗议的问题。

（4）在以上四点中，最后一点才是孩子的问题。如果你的孩子自认为自己很特别，不需要考虑任何人的感受，更不需要遵守什么约定，那么他的这种想法，将来很可能演变成大问题。即使在家里没有人与他计较，将来步入社会也没有一个地方愿意容纳这样的人。这样的孩子在自己家可能被视为掌上明珠、小皇帝，在社会上却毫无用处。

另外，前面列出的条目中，还有一条是："考试成绩与父母期待的相差太远。"下面我们来试着分析一下，为什么孩子不能考出父母期待的成绩呢？

（1）父母的期望过高，远远超过了孩子的能力。

（2）孩子不懂得正确的学习方法。

（3）由于生活习惯的问题，没有办法集中精力学习。

（4）因为懒惰。

如果原因是（1），那么父母只要结合实际正确地评价孩子就可以了。要知道，标杆太高是没有办法比赛的。

（2）学习方法因人而异。对于新的知识，不同的人学习速度也不相同。请不要轻易将孩子与别人相比，正确的方法应该是与孩子的老师商量，帮孩子找出专属于他自己的学习方法。

（3）如果你的孩子生活习惯存在问题，例如作息不规律、睡眠时间不足、偏食等，无法集中精力学习也是不可避免的。出现这种情况，除了改善孩子的生活习惯之外别无他法。

（4）我们常常对孩子说，由于懒惰而不好好学习会产生怎样的后果，或者只要努力就一定有回报。但是究竟产生怎样的后果和有什么样的回报，光靠想象是想象不到的。一个孩子如果对自己行为的后果毫不关心，那一定是因为这个孩子从小没有切实体会过"人生是掌握在自己手里的"这个道理（也可能是家长没有让他们体会过）。为了让孩子明白这个道理，家长可以先从为孩子设定一些难度较小的目标开始，而且一定要有耐心，慢慢培养孩子的追求欲和成就感。

◆ 制订培养孩子责任意识的详细计划

为了培养孩子主宰自己人生的责任意识，家长一定要下定决心。假如孩子一直不懂得责任的重要性，家长可能在某些方面出了问题。出现频率较高的是以下几个原因：

（1）家长没有对孩子投入十足的感情。

（2）虽然心里爱着孩子，但是不知道需要培养孩子的责任意识。

（3）虽然知道自己需要培养孩子的责任意识，但是不知道应该如何教。

（4）家长没有狠下决心。

培养孩子的责任意识是家长不可推卸的责任，所以不要试图把这个责任推给学校。学校当然也会通过一些方式教育孩子，让孩子逐渐明白人生要由自己把握，但是如果孩子在入学之前没有基本的责任意识，他会很难进行后续的学习。因此，培养孩子的责任意识是家长不可推卸的责任。

以下的这些说法都是不可取的：

"总有一天，时间会教会孩子一切。""如果我太严厉了，那孩子岂不是很可怜吗？我可不想这样。""教育孩子这样的事情，需要慢慢地一步一步来，急不得的。"最坏的情况是："什么责任意识根本不适合我们家的孩子。"

要知道，家长能给孩子最宝贵的财富，就是勇敢幸福地生活下去的能力，而开始的时间就是现在。

确定好培养计划之后，你需要寻找支持你的人。

有些家长最初已经决定好怎样执行教育计划，但是最终却没能坚持下来，大多数都有一个共同的原因，那就是缺乏支持自己的人。如果身边有个人支持你，你就可以时常与他谈谈自己的见解，他也能够时时鼓励你。通常扮演这一角色的都是自己的伴侣，当然你也可以考虑其他人。

比如，你的工作伙伴是否认可你的教育方法呢？他可以成为你教孩子责任意识的支持者吗？

你有没有什么朋友是非常了解你的，而且也愿意给予你一些协助呢？

朋友圈里有孩子的人，出席家长会时认识的友人，以及你的父母，他们是否愿意支持你呢？

就像你必须付出极大的耐心与孩子沟通一样，支持你的人最好也是那些能够对你付出极大耐心的人。

总之，一定要选择那些不会随意批评你的做法，而且能够成为你的力量源泉的人。这些人需要倾听你的见解，时常安抚焦躁不安的你，并在需要时成为你的坚强后盾。教育子女是一件艰辛的工作，不是一个人就能完成的。

当你有所计划的时候，就同这个支持者商量一下吧。听听他的意见和建议，或许你可以从中得出正确的答案。

◆ 告知孩子你的培养计划

我希望家长能把你的培养计划告诉孩子。与孩子谈一谈他们存在的问题，以及你打算怎样帮助他们解决这些问题。

家长需要注意讲话的时机，怎样适时地讲这些话孩子才会听得进去。如果你与孩子正在为一些事情争吵，你却突然将教育计划提了出来，孩子一定会觉得反感，甚至可能使问题扩大化。

家长最失败的做法之一，就是看见孩子看电视时突然大发雷霆，冲口对孩子吼道："整天就知道看电视！一点儿也不自觉，你还想看多久？还不学习去！"大多数时候，大吼大叫都是以吵架告终，对孩子起不到任何教育意义。而这样的事情却常常在各个家庭中上演，周而复始。

因此，告知孩子你的计划时，请选择孩子状态好的时候。这时候家长也可以平心静气地与孩子交谈。

首先一定要让孩子明白，他对于你来说是重要的，你非常爱他。

接下来再向孩子表明他什么地方做得不够好。用平静的态度向孩子说明你的看法。比如，你可以告诉他如果这样做，无论对他自己还是对周围的人来说，都将是有益的。

前文中我们罗列了一系列的条目，其中有总是迟到、不遵守约定等。你可以将这些条目讲给孩子听，并告诉孩子你希望他今后能逐步改正。这时，家长一定要注意自己的口吻，千万不能对孩子作贬低性的评价。

即便如此，孩子的反应也不一定尽如人意。他们可能还是会反感甚至反抗。如果出现这样的情况，家长一定要表明自己是与孩子站在同一边的，然后再果断实施拟定好的计划。

"为什么我非做这些事不可啊？不觉得很好笑吗？我不要!"

"是啊。做这些事好烦哦。我也是这么想的，所以我能理解你。"

"那你干吗还让我做?"

"但是不做不行啊。这些事情看似微不足道，但是对你的将来却大有益处呢。"

我们必须让孩子明白，父母并不是孩子的敌人。孩子真正的敌人是他们自己，是那个不知责任为何物的自己，是那个无法严于律己的自己。

对于那些不停与父母抗争的孩子，即便家长强迫他们听自己的话、按照自己的要求做事，这些孩子仍然无法养成独立做事的能力。因为从根本上说，发挥作用的仍旧是家长的力量。当父母不在他们身边时，他们还是什么都做不了。

孩子需要学习自律的能力；而且在孩子学习的过程中，家长只要耐心观察即可。此时，家长与孩子是合作伙伴关系，家长是为了让孩子受到周围所有人的喜爱、能够幸福地生活，而帮助孩子充分学习基本知识的伙伴，是为了让孩子将来能够在社会上立足、拥有一份喜欢的工作，而与孩子一起努力学习、共同进退的伙伴。

紧接着，家长需要向孩子表达自己的具体期待。

家长要尽量表达得详细，比如你可以说："我希望你以后无论接受了什么样的工作，都要马上去完成。""我希望下次你的考试成绩能提高一点，只要不在平均分以下就可以了。""我希望你以后不要再欺负弟弟了。"

然后，家长需要确定，如果孩子不能按照你的要求去做，你要给他怎样的惩戒。

我曾听女儿提起过一件事，她说她有一个学妹很奇怪，俱乐部的活动有时参加有时不参加。后来我仔细询问才知道，原来这个学妹的父母给她定了一条规则，如果成绩一直维持在父母规定的水平，她就可以任意参加俱乐部的活动，如果某次考试成绩不理想，那么接下来的时间里，她就会被禁止参加俱乐部活动。

我认为这个办法相当不错。与其直接惩罚孩子，不如限制他们的部分自由，这会取得更好的效果。

例如，假如兄弟姐妹之间因为一点小事就暴力相向，家长可以惩罚他们不许和全家人一起看电视。如果考试成绩远远低于预期，家长可以禁止他们周末和朋友出去玩。

还有一件至关重要的事，就是家长一定要让孩子说一说他们的目标。家长可以试着问孩子："你打算怎么办呢？说说你下一步的打算吧。"孩子的目标和计划一定要尽量详细。可以是"如果有人拜托我做什么事，我一定马上完成""下次考试时，主要科目的成绩一定要考到平均分以上""我绝对不会再使用暴力"等。

将孩子的目标写到纸上也是一个很好的办法。写好后贴在容易看见的地方，时时提醒孩子。

最后还要提醒家长们一句，一定要让孩子看到你的诚意和决心。

◆ 帮助孩子实行计划

一旦进入实行计划的阶段，家长们就不要再指手画脚了。这时最需要做的就是观察孩子的行动。

解决同一个问题的做法有多种多样，成功完成一件事的速度也因人而异。孩子解决问题的方法很可能与家长的想法大相径庭，速度也可能与家长的预期相去甚远，所以此时家长很容易会沉不住气，有意无意地开始干涉孩子的行为。我奉劝家长朋友们一定要控制好自己，不可轻举妄动，要静下心来默默等候。不久以后，就可以看到自己耐心等候的结果。

如果家长为了讨好孩子，或者觉得孩子很可怜而心软妥协，或者有些事情孩子明明没有做好，家长却装作很满意的样子，那么就会使精心安排的计划前功尽弃，也会导致孩子失去对家长的信任。

其实，孩子想要从家长那里得到的，并不是家长表面上的满足。孩子们想要的是家长为孩子计之深远的决心，他们要确信将来无论发生什么事，父母都会陪在他们身边。

如果家长能够拥有这份不管教的勇气，孩子一定会充分信赖你、尊敬你。有了这份信赖和尊敬，无论家长要求孩子做什么事，孩子都不会推辞的。

在实行计划的过程中，孩子们也会通过各种各样的方式不停地试探父母。这时，家长只要认真倾听孩子心声，站在孩子的立场上发表自己的见解，并表达自己的真心就足够了。

前文中，我多次奉劝家长们保持积极的态度，切不可以说那些具有威胁性质的话，例如："如果你现在不努力，将来后悔的是你自己。"我们应该多多鼓励孩子，比如可以说："试试吧。我相信你一定能做到的。"

如果孩子出色地实现了目标，或者达成了家长的期待，家长最好直接将自己的喜悦之情表现出来。这会让孩子的心理得到满足。

但是，家长也不要忘记，即便孩子做得很好也不能得意忘形，绝对不能没完没了地夸奖孩子。因为你的孩子尚在学习责任意识的初级阶段，不能让孩子养成做出一点点成绩就需要别人大声喝彩的习惯。这对孩子将来步入社会是不利的。

外面的世界很精彩也很无奈。在学校或者公司里，一个人做分内的事情是理所应当的，不会有任何人对他大加赞扬。孩子自己控制上学时间没有迟到，父母可能会觉得孩子很了不起，可上班族按时上班却是应该的，上司绝对不会因此而夸奖他。那些被夸奖惯了的孩子，进入公司后可能会因此而心情低落。这或许也是鼓励式教育法的一个弊端吧。

另外，对孩子夸奖过多，或者为孩子的一点成绩而沾沾自喜还存在另一个弊端。

当孩子开始学着为自己的行为承担责任时，大部分家长一定会为此感到欣慰。这样的欣慰对有些孩子来说尚属首次，他们可能从未做过让父母喜悦的事。于是，有些孩子的心里就会产生不安的情绪，他们会怀疑自己是否真的如父母所讲的那样好，自己是否真的能让父母开心。所以这些孩子可能会一反常态，故意做出一些错误的行为，以此来试探父母的真心。他们很可能试图挑战父母的极限，暗自揣测："我这样做的话，你们也会觉得开心吗?"因此，为了让自己的苦心不白费，为了让孩子改善的言行得以巩固，希望家长们尽量避免过于喜形于色。

你爱他，不是因为他做对了什么，而是因为你原本就爱他，这与孩子做什么没做什么无关。这才是教育孩子最正确的态度。

❖ 勤于沟通

培养孩子的责任意识时，家长需要时常与孩子进行沟通和交换意见。

在这里，我要向家长们介绍一些与孩子沟通的做法。首先我们来看一个具体的例子，这是一个关于如何督促孩子对自己严格要求的例子。

之前提到过在超市里跑来跑去、令众人反感的两个小男孩，在这里又要出现了。前文中是这样描述的：

"一位30多岁的母亲带着两个小男孩来买东西。两个小男孩一个7岁左右，一个5岁左右。这两个孩子从进了超市就开始吵吵嚷嚷、打打闹闹，他们不断撞到别的顾客，也毫无歉疚的表现。在他们身边买东西的人都频频皱眉，不胜其烦。"

再看看他们的母亲，"一脸无所谓，只是偶尔小声嘟囔一句：'你们安静一点儿。'而且说的时候根本就没看着孩子，完全像在自言自语，起不到丝毫作用。"

如果孩子经常犯这样的错误，那么家长可以在出门买东西之前，先与孩子约定好：

"现在我们要去超市。如果你们能保证安安静静地跟我一起买东西，我才带你们去。如果你们做不到的话，那就只能留在家里看家。你们选择哪一个呢？"

到了超市之后，孩子们可能一时兴奋就忘记了与家长的约定，又开始吵闹了，这时你可以将他们叫到身边，说：

"如果你们再这样吵闹的话，我就不买东西了，马上带你们回家。然后今天的晚餐我们就只能吃昨天剩下的包心菜了。你们是想安安静静地陪我买东西呢？还是想马上回家吃包心菜呢？你们选择哪一个？"

像这样，继续让孩子自己选择。

我女儿小时候，经常接二连三地作类似的选择。小孩子的天性就是爱吵爱闹，常常是不到5分钟就忘记了自己的承诺。这时家长可以小声地叫孩子的名字，把孩子叫到自己的身边与孩子沟通。

切记，千万不要只对孩子发脾气，大声训斥孩子。家长的怒火只会让孩子变得胆小怕事，对孩子养成自控能力毫无帮助。

我们这样做的目的，不只是让孩子马上安静下来，还要通过这样的过程逐渐培养孩子自我控制的能力。一旦孩子学会自控，在没有人提醒时，他们就能够管住自己了。

让我们再试想一个父母与孩子沟通学习成绩的场景。主角是一个上初中的孩子。

由于懒惰，孩子的学习成绩非常不理想，用心的家长这时决定与孩子谈一谈。家长告诉了孩子自己的期待，并且也认真倾听了孩子的想法，他们还就一些小问题讨论了很久。

之后，家长与孩子一起，为孩子量身定做了一些切合实际的学习目标，并且与孩子约定好，如果有什么需要一定要主动同父母商量。做完这些事以后，家长就不再干涉孩子，让孩子自由地安排自己的学习。

假如下一次的考试成绩非常理想，那么先要认可孩子的努力，对孩子说：

"这次考得不错，恭喜你！看来你真的努力了。"

接着，询问一下孩子是怎么做到的：

"你是怎么做到的？分数考得很高呢。"

然后，询问孩子接下来（下一次考试）是怎样打算的，计划取得怎样的成绩：

"下个星期还有考试吧？你的目标是怎样的呢？"

最后，询问孩子为了达到新的目标，自己打算怎样做。

反过来，如果孩子的考试成绩仍然不理想，那么首先试着找出孩子努力的证据，并为此表示自己对孩子的认可。

"你这次的成绩虽然还是不到平均分，但是比上次进步了很多呢。可以看得出来，你一定很努力吧。"

然后，询问孩子接下来的学习目标是什么。

"你下次考试的目标是什么呢？"

"下个星期不是也有考试吗？你的目标是考多少分呢？"

最后，询问孩子为了达到新的目标，自己打算怎样做。

不要忘了认可孩子的努力。从某种程度上来说，家长的认可可以放松孩子的心情，让接下来的谈话顺利进行。

首先，家长一定要看到并认可孩子哪怕一点一滴的进步。如果孩子此时还是情绪低落，或者表示"我再也不想学习了，学了也没用"，家长需要表现出自己的认同，让孩子觉得你是站在他一边的，你可以附和着说："是啊，我知道，你一定很难过吧。"然后再提醒孩子，他的努力已经初见成果了，你已经看到了。

家长还要注意询问孩子新的目标，这里所指的只是一些很小的目标，不要试图让孩子设定那些不切实际的目标。

请记住，绝对不要冲口而出"你都在做些什么啊？怎么考成这样？你真是个笨蛋啊"等可能会伤害孩子感情和自尊的话。如果听到自己被人这样说，即便是成年人也会失去继续努力的干劲。所以千万不要这样批评孩子。如果感情和自尊受到了伤害，孩子就无法学会承担责任了。

◆ 善始善终

当家长觉得孩子已经开始懂得责任，孩子的行为方式也已经开始步入正轨时，培养计划就可以暂时告一段落了。

这时候，家长首先需要与孩子进行一次正式的谈话，承认孩子付出的努力。然后告诉孩子，在家长的眼里孩子都发生了哪些变化，并让孩子也说一说自己的想法。如果孩子的进步非常显著，稍微庆祝一下也无妨。

这一时期的孩子，或许会有些不知所措。而且在这之前，孩子可能不需要为一件事付出太多努力，所以孩子多多少少都会有些疲惫。这些都很正常。

遇到这样的情况，家长一定要仔细倾听孩子的想法，并表达自己充分理解的意思。你可以说："有这样的感觉是很正常的，我能够理解。等你习惯了以后，你就会觉得这是再自然不过的事了。"

当一个人疲惫不堪或者无所适从时，如果周围的人还是一味地大声鼓劲，不断说些"加油啊！你一定要加油啊"之类的话，只会让当事者倍感疲惫或更加不确定。这时家长一定要尽量说些安慰孩子的话，比如"你已经很努力了"。

在我们家，每逢此时我都会毫不掩饰地看着孩子的眼睛说："你这么努力，妈妈真的很欣慰，而且你也实现了自己的愿望，妈妈为你感到骄傲。"孩子听到我这么说，还是有一点害羞的。但是从她以后的行动来看，这样说明显比一味地加油鼓劲有用得多。孩子的责任意识真的增强了。

第八章

人生的乐趣不在索取而在给予

◆ 人的需求可以分为 5+1 个阶段

正常来说，当人类采取某一行动时，在这些行动的背后一定隐藏着某种根本性的需求。

每个人可能都有过这样的经历，看到别人做出了一些你不能理解的事时，你会在心里悄悄地想："他为什么要做这样的事呢？"可是当事人却不这样认为，即便别人不能理解他的做法，他也一定会固执己见，为了达到自己的需求而坚持到底。也就是说，我们可能觉得别人做的事"匪夷所思"，但当事者却有他自己的目的。

美国心理学家马斯洛将影响人类行为的需求分为五个阶段，并逐一解释了它们的作用。

根据马斯洛的学说，在这五个阶段的需求中，只要下一级的需求得到了满足，人们就会渴望实现上一级的需求，进而将上一级的需求作为自己的目标。这五个阶段按照由下而上的顺序可以分为：生理需求、安全需求、社交需求、尊重需求和自我实现的需求。

　　所谓生理需求，是人类活着必不可少的基本需求。例如，人类对空气、水、食物、睡眠等的需要，就属于生理需求。如果生理需求得不到满足，那么，我们就会觉得不舒服，甚至生病、死亡。

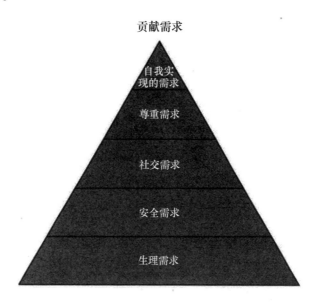

贡献需求

自我实现的需求

尊重需求

社交需求

安全需求

生理需求

　　接下来是安全需求。安全需求也是维持人的生命必不可少的基本需求。当人们为了避开危险，为了达到安全的目的做各种准备时，正是实现安全需求的一种表现。小孩子有时会对大人说谎，正是安全需求在起作用，因为孩子感觉到说实话一定会被父母责骂。所以尽管说谎是一件坏事，可是孩子还是宁愿说谎，因为在心理上他们遵从了自己的安全需求，他们要保护自己。

更高一级的是社交需求。人类是一种社会性动物，大多数人都愿意归属于某一个集体。比如，人们都希望自己拥有爱情，希望自己有一个完整的家，喜欢和同学们在一起。很多人都积极参加俱乐部活动，想成为俱乐部的一员。这些都是寻求所属的表现。

生理需求和安全需求都是与人的生命息息相关的，可是紧挨着它们的社交需求却突然与爱情这样纯精神领域的概念联系在一起。这就说明爱与被爱是与生命不可分割、关系极其密切的一种特殊需求。正因如此，当孩子在学校被同学欺负时，或者孩子感觉不到温暖和爱意时，他们才会沮丧。

第四个阶段是尊重需求。通常人们都希望自己在集体中是一个有价值的存在，并且希望自己能够得到他人的尊重，这正是尊重需求的表现。尊重需求可以分成两个部分，一个是达成某个目标的需求，另一个是由于达成目标而获得其他人的注目和赞赏的需求。所以，孩子们内心也一定希望自己不只是集体中的一个无名小卒而已，他们一定也希望自己是一个成绩优异的学生，希望自己擅长某些运动，进而得到大家的认可和注目。

第五阶段是自我实现的需求。自我实现需求是实现梦想的需求，是一种催人奋进、引人向上的动力。比如，孩子因为真正喜欢足球而拼命练习，就是自我实现需求在发挥作用。但是，如果孩子是被父母逼迫才进行练习的，或者是害怕老师批评才勉强练习的，这时是孩子的安全需求在发挥作用。而为了引人注目，让大家认可自己而拼命进行的练习，则是孩子的尊重需求的表现，与自我实现需求毫不相干。

马斯洛还在这五个需求之上，提出了另外一个更高阶段的需求。那就是贡献需求。前面五个层次都是与人们的自我意识紧密连接的，但是贡献需求却与此相反，它是完全外放式的，将自己的意识完全投到自己以外的人和事物上去，是一种谋求对其他人或者其他事带来帮助的需求。

在我们身边不乏这样的人，他们似乎并不是为自己活着，而是为服务他人而存在的。例如，特蕾莎修女就是这样的人。她设立仁爱传教修女会，开设"孤儿之家"和"临终之家"，以照顾那些无家可归的人与濒死的人。

"唯有对被抛弃的人们怀有仁爱之心，对濒死的人们心怀悲悯，让他们发觉自己仍然有人牵挂，仍被上帝眷顾，才能让他们真正懂得什么是爱，什么是被爱。"

她努力实现着"神"对人们的教诲，她向人们传播爱。对我们普通人来说，或许很难做到像特蕾莎修女那样。但是，在每个普通人的内心中，一定都隐藏着一些爱的火种。我们愿意与人为善，愿意助人为乐。作为家长，我们应该在孩子的心中播下爱的种子，并期待它们有一天长成参天大树。

要让孩子理解：人生的乐趣不在于索取而在于给予。

◈ 需求的最高境界＝贡献需求

　　在我女儿还是小不点的时候，每当我一身疲惫地回到家，女儿都会跑前跑后地照顾我。

　　我也欣然接受了女儿的照顾。我从不会客气地说："不用了，你去做自己的事吧，妈妈自己来就行了。"我从来都是心安理得地接受女儿的照顾，并对她表示感谢："谢谢啦。你这样妈妈好高兴哦。"

　　而女儿也仍然像我平时照顾她一样，照顾疲惫的我。休息了一会儿之后，我常常会说："真是谢谢你啊。妈妈已经没有那么累了呢。"然后开始继续工作。听到我这样说，女儿总是一脸幸福的表情。其实她为我做那么多，并不是为了索求什么，只是因为她看到精神焕发的妈妈，心里会觉得高兴。

　　我们每个人的心里都潜藏着一种像母爱一样毫无条件的爱。这种爱会驱使我们无怨无悔地为一些人和一些事付出。而作为家长，我们需要在孩子年幼时适当刺激孩子的这种需求，教育他们善待他人，以及无条件地帮助别人。

　　我清楚地记得自己小时候发生过这样一件事。那时我在念幼儿园，我们班里有一个同学总是被别的同学欺负，我看到之后心里就想："我一定要保护他！"后来，当别的孩子再欺负他时，我总是勇敢地挡在他前面。

我女儿的秉性与我完全不同，但是女儿在小学 5 年级时也做过类似的事情。有一次我去女儿的学校参加一次教学过程展示活动，一位从没见过的母亲主动向我走过来，她对我说："多亏了您的女儿，我女儿才愿意一直在学校上学。真是太感谢了！"

后来我才知道，这位母亲的女儿曾经有一段时间总是被同学欺负，同学们总是骂她"脏死了""臭死了"。我女儿虽然没有像我一样，站在这个女孩的面前直接保护她，但她也没有像其他同学一样排斥这个女孩，相反她还是一如既往地同这个女孩说话，并且常常鼓励这个女孩说："你不要往心里去。""他们爱说什么就说什么，你不要理他们。"

其实人们做出帮助的行为时，不一定会马上意识到自己对对方有怎样的帮助，但他们还是做了。人类与生俱来的正义感让我们无法对身处困境的人冷眼旁观，所以未加多想就已经出手相助。人们本能地认为自己的价值观并不仅仅是为了自己才存在的，这个世界就应该是互相关怀、互相帮助的。

试想一下，你是否有过不问回报而尽全力帮助别人的经验呢？或者，你是否有过不问回报而诚心帮助别人的想法呢？

为了进一步培养孩子自立的能力，建议家长们教会孩子一个道理，即"人生的乐趣不在于索取而在于给予"。

给予的乐趣并不在于我们帮助别人就会获得回报，也无关乎如果我们不这样做，别人就会生气。家长需要引导孩子发挥他们天性里隐藏的真、善、美，让孩子们明白做善事的价值。

这种潜藏于内心深处的真善美的能力，与人类其他的潜力相同，是孩子与生俱来的能力。但是这些能力并不会无缘无故地出现，需要家长的引导。这些能力必须受到一定的刺激、启发、训练，才能充分发挥它们的作用。

明白自己的行为能给别人带来帮助的人是亲切、善良的。即使面对自己的家人，他们也不会随意应付，他们会心甘情愿地为家人做些力所能及的事情。而明白自己的行为会给别人带来喜悦的人，不需要进行特殊的学习也自然懂得乘坐公共汽车时的基本礼仪，即便没有人叮嘱，他们也会主动为老人让座。在他们的意识里，做这些事是理所应当，再自然不过的。

◆ 给孩子锻炼的机会

为了让孩子明白"人生的乐趣不在于索取而在于给予"，希望家长们能给孩子表现自己的机会。也就是尽量让孩子从小就帮父母做些力所能及的事情，比如拿个东西、跑跑腿都可以。

家长一定要由衷地把孩子当作家庭的一份力量，让孩子参与到每天的家庭生活中来。一家人平等相待，互相扶持，共同进退。

当然，在孩子年幼时，他们肯定没办法拥有成年人的办事能力。但是，对孩子办事能力的培养，却需要从年幼时就开始。让孩子做家事正是第一步。

曾经有一位家长表达过一种看法，他认为最好不要使唤孩子。因为他发现，如果家长时常使唤孩子，让孩子做这做那，孩子也会有样学样地使唤起家长来。会发生这样的情况也不足为奇。如果家长让孩子帮忙的初衷是为了图一时方便，那么孩子当然会记在心里，当他们自己也想图一时方便时，便会反过来使唤父母。而这样互相使唤的关系，并不是我建议的合作关系。

建议家长偶尔让孩子帮帮忙并不是希望家长使唤孩子，也不是为了让家长生活得更轻松，而是让孩子学着通过自己的努力，给周围的人以温暖体贴，让孩子在大家的认同中得到满足。

放眼看看周围，似乎那些在父母都工作的家庭中长大的孩子，更容易领会帮助别人的乐趣。因为这种家庭的父母都很忙，孩子如果不帮忙的话，家里的生活就可能出现混乱。

我有一个朋友就是这样的。如果傍晚快要下班时，她发现还有工作没做完，她就会打电话回家，告诉女儿冰箱里都有什么东西，然后让女儿为自己和弟弟准备晚餐。听朋友说，她女儿上小学时就已经能做这些事了。

在日常生活中经常帮父母做些家事的孩子，大多数都能灵活应对生活中遇到的大小问题。因为他们在每天的实践中已经学会了如何应对和解决问题。因此，家长大可放心地让孩子帮些小忙，这对提高孩子的能力大有益处。

当孩子为自己帮点小忙时，千万不可随意夸奖孩子。

家长应该抱有的正确态度是表示感谢。你可以对孩子说，"真是谢谢你啊""真是帮了我的大忙了"，或者说"我好高兴啊"。而且准确地向孩子传达他做的事给家人带来了怎样的影响也非常重要。可是，如果家长此时说"真是个好孩子啊"，或者"你真了不起啊"之类的话，从某种意义上来说却是不妥的。

青春期的孩子非常在乎别人的看法，我们一定要将孩子看成一个具有独立人格的人来进行交流，不能居高临下地看待孩子、评价孩子的做法。因此，当你面对孩子时，一定要将孩子看作一个与你平等的存在，诚实地告诉他你的喜悦和感激之情，这才是正确的做法。

第九章

家长的自立
让孩子更幸福

◆ 唯有自立才能"快意人生"

所谓自立，就是一个人有能够独立生存的能力，指的是无论在精神上还是肉体上，都不需要依靠任何人，自己一个人就能够好好生存下去的状态。

如果我们能与所有的家人、朋友和合作伙伴都相处愉快，并且不受任何人的干扰，在平凡琐碎的日子中能够获得幸福的人生，就可以说自己已经是一个自立的人了。

而这些做法也可以让周围的人都生活得更加舒适，更加开心。

例如，让我们试着解读一下孩子与家长之间的关系吧。某一个孩子由于一些问题，主动来找父母商量，可是家长却非常不满意孩子提出的问题，而且对孩子大发雷霆。那么，事情的结果会变成怎样呢？无外乎是孩子被家长大骂了一顿，心情非常沮丧，而家长事后也会为此后悔不已。可是问题仍然存在，没有得到实际的解决。这样的做法，无论对孩子还是对家长来说，都没有任何益处。

反过来，如果家长肯用心倾听孩子的心声呢？我想孩子一定会因为家长理解自己而安心很多，而家长也会因为自己帮孩子解决了问题而感到满足。这就是一个双赢的结果。

那么，究竟是哪些因素在妨碍我们控制心情呢？首先就是我们对自我的执着。一个人如果眼中只有自己，只在乎自己的想法，那他当然就不会思考自己的言行对他人的影响。当家长属于这一类人时，他们无法意识到应该将孩子当成一个独立的人来看待，他们也不会意识到，自己的言行对孩子造成了伤害。

其次就是被害意识。有一类人，他们很容易把责任推给别人，经常说"都是那个人的错"，或者"都是这孩子不好"之类的话。他们最先想到的不是解决问题，而是将责任推给别人，把自己当成受害者。

通常，如果一个人抱有被害意识，那他就很难考虑对方的心情。因为被害者永远都觉得自己很可怜，觉得自己是正确的，而加害者永远都是错误的。所以被害者面对着这样的加害者时，是不可能抱有好感的。

一个人如果可以从这种狭隘的敌我关系中解脱出来，遵循一种更广泛意义上的"快意"人生，这就是所谓的自立了。这样的人不会将自己捆绑在狭隘的自我意识当中，更不会将所有坏结果的原因都归结到别人身上。发生问题时，他们会积极思考解决问题的办法。这样的人，我们才可以说他是一个自立的人。

而通往自立的入口，则是时时警醒。

我们读到类似的家教书籍时，可能会觉得很有道理，并试着像书上写的那样留意自己的生活方式，将学到的内容付诸实践。但是很多人都只能维持 5 分钟的热度。不知不觉间，他们就会忘记了自己的感想，又开始重复以前的老路，最后只能以一句"还是做不到啊"而告终。

这是因为他们只是在模仿书上的思维方式而已。

想要掌握一种技巧，不能仅仅依靠一时的心血来潮，还需要时时警醒。一个人唯有下定决心，才能不断采取有效的行动。而由于这些极具效率的行动不是一时冲动，是认真思考的结果，我们才能坚持到底。

◆ 放下你的"受害者"意识

下面我要举一个有关家长自立的例子。这个例子的主人公叫 I。在她的努力下，他们一家人的关系得到了很大改善。

从某种程度上来说，I 是一个相当独立自主的女性。她有自己的工作，一边工作一边养育女儿。她还会时常抽出时间来为社区的人服务，组织些集体活动等。甚至为了帮助周围的家长们，她还积极参加各类教育讲座。她把女儿也培养得相当优秀。从表面上看，I在做家长这方面没有任何问题。

但是I自己心里很清楚，她的人生还是有不甚圆满的地方。事实上，I与父亲的感情一直不好。她的父亲是一个很有名的工程师，在她的记忆中，从小家里就充满着一种莫名的紧张感。她的父亲不论说话或者办事总是一副居高临下的态度，所以她一直很讨厌父亲。而且不只是她有这样的看法，全家人都不喜欢父亲。

I与父亲的这种不友好的关系，一直到她结婚也没有任何改善。她的父亲还是一如既往地傲慢，甚至连I的女儿都感觉到了母亲与外祖父之间的紧张气氛。不晓得是不是受到自己与父亲关系的影响，I总觉得女儿和丈夫之间有一点儿距离。但是，I一直认为女儿长大了本就会与父亲渐行渐远，因此也就没有放在心上。

可是随着学习的不断深入，I开始思考，自己与父亲之间的这种不融洽状态，一直放任下去真的好吗？

恰好I的父亲当时到了退休年龄。他退休之后闲不住，就又找了一份工作——在某个车站打扫卫生。向来自视甚高的父亲居然会去打扫卫生，这是I无法想象的。

I偶尔会到父亲工作的那个车站去搭车。但是，即便她遇到了父亲，也从没与父亲打过招呼。一来是因为他们父女之间本就关系冷漠，二是I觉得以父亲的个性，应该不愿意被家人看到自己在车站打扫卫生的样子。所以每次遇到父亲，她都会装作没看见的样子，直接从父亲面前走过去。

直到有一天，I又一次看到了正在车站打扫的父亲，她不由自主地就喊了一声"爸爸"。

没想到父亲还没确认对方是谁，就直接温和地问了一声："什么事啊？"这吓了I一跳。这是她有生以来父亲第一次这么温和地和她说话。

I的父亲应该根本没注意到是女儿在喊"爸爸"。所以当他发现是女儿在喊自己时，就有些不好意思地说道："我还以为是谁呢，原来是你啊。"

就在那一刻，I长年埋藏在心中的怨怼化解了。

从那以后，她每天都与父亲打招呼，这重新拉近了两人的距离，父女之间也越发亲密了。而且I发现，随着自己与父亲的感情越来越和谐，父亲与母亲，丈夫和女儿之间的感情也在逐渐升温，比起以往有了很大变化。

I是一个非常成功的例子。她敢于直面自己的内心，并通过自己的努力，为改善她与父亲的关系勇敢地踏出第一步。I没有把一切错误都归结到父亲身上，她从未说过"我父亲就是那样的人"。她的成功在于没有让自己变成一个被害者。她勇敢地打破了长久以来与父亲相处的模式，解开了一直束缚着自己与父亲的感情枷锁。这完全是对自己人生负责的一种表现，而她的这种表现也必将成为孩子效仿的榜样。

支持孩子自立，并不单单是培养孩子，还包括回顾自己的青少年时代，并为自己的青少年时代画一个完美的句号。我们在成为父母之前，也都曾经是孩子。当我们将自己儿时的想法完整地传达给父母，并与他们达成共识、达到某种和解之后，我们才可以说，我们已经在真正意义上成为一个自立的家长了。

◆ 父母给孩子最好的礼物

我们常说人生不如意十之八九，家家有本难念的经。的确，每个人都会有烦恼。有的人一个人带孩子；有的人早已失去了最爱的人；有的人疾病缠身；有的人童年时代就遭遇不幸；有的人上有老下有小，要照顾一大家人。那么，你的烦恼是什么呢？

可能有的人会说，就是因为我有这么多麻烦事，这么多烦恼，我才没办法教好孩子。

可我认为这个理由根本不成立。

孩子教育得不好的原因一定不是家长有诸多烦恼，而是家长本身过得不幸福，而且是真正意义上的不幸福。

要知道这世上根本不存在没烦恼的人。每个人都会有或大或小，或多或少的烦恼。有些人由于这些烦恼而变得不幸，也有一些人即使在烦恼中也能活得很幸福。

对孩子来说，这个世界上最好的礼物就是幸福的父母，是无论遇到怎样的困难与挫折，都会勇往直前、灵活应对、永不放弃、努力追寻自己幸福人生的父母。

如果父母幸福，那么孩子就不会有任何顾虑，他们会遵从天性过着小孩子应有的生活，他们会撒娇，会任性，会调皮捣蛋，甚至会与父母吵架……直至有一天，他们远离父母，去追寻自己的人生。

他们心中没有顾虑，不用担心自己不在时父母会过得不幸福。他们非常清楚，即便没有自己，父母也能生活得很好。

假如父母不幸福，孩子将失去自立的愿望，甚至永远无法独立。在不幸福的父母身边长大的孩子会一直为父母担心，从而无法放心地离开家。

而且，有些孩子甚至会把父母不幸福的原因归结到自己身上，认为是自己的存在造成了父母的不幸。因此，对家长来说，子女教育的第一步，就是让自己成为自立且幸福的家长，这是家长能够给予孩子最好的礼物。

这世界上再也没有比养育子女更伟大的事业了。因为孩子代表着我们的未来，而养育子女就是在创造未来。显然，这是一份不能马虎的工作。

◈ 我的孩子"带有微瑕"

我的工作是人才开发顾问，主要帮助各个公司进行人才培训。

我有一位同事，也是我非常重要的一个朋友，在听完我的演讲之后，将她的经历告诉了我。下面就是她的讲述。

2006年春天，我听说菅原要来我们家附近的中学演讲，于是我也终于去参加了。之所以说"终于"，是因为我其实一直都知道菅原的演讲，但是却从心里排斥。

事实上，我读过菅原写的所有书。但是，只有她的教育理念是我一直有意无意在回避的。因为在内心深处，我一直觉得自己是一个不称职的母亲，我不愿意面对这一点。我深知自己在培养孩子这件事上存在诸多问题，这是我心里的一道伤疤，碰到就会痛。

因为我的孩子中有一个是 ADHD 患者，这个孩子是我的大儿子。

所谓 ADHD，就是注意力缺陷多动障碍的意思，也就是我们常说的多动症。

从我知道大儿子有障碍时起，我的心情就变得非常复杂。我时常责备自己，觉得都是自己的错，常常在心里想：一定是我没把孩子带好，孩子才变成这样的。

我的大儿子也经常自责，他时常怨恨"有障碍的自己"，他觉得自己给爸爸妈妈带来了很多麻烦。就这样，我和大儿子双双生活在自责当中。更让我难受的是，孩子常常以这样的自己为耻，觉得抬不起头来。

在这孩子上幼儿园之前，我就发现他好像跟别的孩子有些不一样了。比如在公园玩的时候，他总是不如别的孩子听话。他的玩具从来不借给别的小孩玩，可是看到别的小孩有好玩的玩具，却非要去抢不可。而且一旦我放开他，他就会到处乱跑。那时我以为，这是小孩子常有的事，所以也就没放在心上。

可是上了小学之后，我却三天两头被学校"请家长"，周围的人也经常到我这里来告状。但是即便如此，一直到上小学4年级之前，这孩子上学还是基本上没问题的。

直到有一天发生了一件事。那时我正在上班，突然接到了学校打来的电话，说我大儿子"上课时从教室跑了出去，然后跑到学校外面去了"。后来我仔细询问了孩子发生这种状况的原因，老师说因为他当时训斥了别的学生，不晓得为什么我的大儿子却受不了了。后来听说那个老师因为在课堂上言语粗暴，已经引咎辞职了。

从那以后，我大儿子的表现就越来越差，只要大人说他两句，他马上就变了脸色，而且也时常发脾气，以至经常请假不上学。

但是我却觉得那件事只是一个导火索，他从很小的时候就开始"不好管"→"不听话"→"常常被骂"→"越来越易怒"，这样的表现反复出现，一路伴着他走过来，他也没有办法肯定自己了。

好在情况也有好转的时候，这孩子上小学五年级时，他们班换了新的班主任，我特意去拜托老师，请他不要随便批评我的大儿子，尽量温和地与我大儿子建立相互信赖的关系。而新班主任也真的很用心地帮助我。托他的福，那段时间大儿子的表现越来越好。只是有时会突然不想上课，本来已经去学校了，却突然想走就走了。想到大儿子这样还是会影响老师和同学们上课，所以我就和学校商量了一下，决定由学校派一名助教老师陪着他上课。

日子就这样有惊无险地过着。终于有一天，我突然想道："这孩子是不是人家说的 ADHD 啊?"然后我就带着他去了某大学的附属医院，结果出来，我的大儿子正是 ADHD。确诊之后，最轻松的就是孩子自己，可能他觉得终于找到原因了吧。一直以来，他的缺点总是很多，现在终于知道不是自己顽劣，而是因为天生有障碍才会如此。

大儿子上初中之后，我就和家人们商量好，把大儿子的情况告诉了班里的保育员。而且由于我们知道注意力缺陷多动障碍最怕的是外界引起的二次障碍，再加上那个时期大儿子正值青春期，我真的每天都在不安中度过。

好在学校的老师们都非常负责，为我的大儿子做了很多额外

170

的工作，所以大儿子一度表现得非常出色，他按时上学，还积极参加俱乐部的活动，与正常的孩子没任何区别，简直让我难以置信。可是好景不长，大儿子终究还是出现了不良反应。虽然他一直很努力地与同学们交往，而且也很用心地上课和学习，但学校里还是有一些人在背后偷偷地说他"脑子有问题""真恶心"，这极大地刺激了大儿子本就敏感的神经，渐渐地他不怎么爱学习了，又变回了不愿意去学校、经常请假的状态。

从初中二年级开始，我的大儿子只好转入情绪障碍班。这样一来，孩子所处的环境又发生了变化。虽然从表面上看，孩子完全陷入了一种恶性循环当中，但是不管怎么样，我仍然看到了他一天天在成长。

当菅原在演讲的最后提到了"带有微瑕"这样一个词时，我恍然大悟，我的大儿子不就是一块带有微瑕的玉吗？

我突然明白了，比别人慢一点有什么关系，没有别人家的孩子优秀又有什么大不了？我的大儿子始终是我的宝贝儿子，是一个带有微瑕的温柔体贴的好孩子。

每当我带着大儿子一起去上班时，他总是会努力发挥他的特长，帮我和同事们做些力所能及的事，这让我非常感激，同事们也常常夸奖他。虽然我只能从这些一点一滴的小事教起，但我并不觉得苦，因为我切实地感受到了，这就是我们为人父母的责任。

我相信总有一天，我的大儿子会成为让我骄傲的、了不起的人，同时我也为如此相信他、培养他的自己而骄傲。真的非常感谢上天能将我的大儿子赐给我，我每天都在心里默念着："谢谢你！我的孩子。"

养育一个先天障碍的孩子真的不是件轻松的事情，这些家长可能需要付出比一般人多上几倍的精力。只要孩子有障碍，家长需要做的就不只是普通的保护，而是必须将孩子培养得像一个正常人一样，拥有在这个世界上生存下去的能力。

我衷心地为那些勇敢地接受孩子有障碍的事实，并为了孩子而拼命努力的家长喝彩。孩子带有微瑕又有什么关系，我们一样可以用心培养他们，让他们的人生幸福圆满。

◈ 一只裂缝水桶的故事

就像前文中讲过的那样，如今父母教育孩子时常充满了负罪感。当孩子不像自己想象的那样完美，或出生的时候就有缺陷时；当孩子被教育得不够好时；当孩子出现一些过激的、与时代不符的言行时……家长首先想到的就是自责。他们觉得是自己没有做好充足的准备，才没有生下健全的孩子，或者是自己没有将孩子教好。而且，周围的人也在不停地打量着家长们，看他们是怎样教育孩子的。当家长们也非常在意周围的目光，就会越发的畏缩和不安。

对孩子们来说，孩提时代接受的教育，特别是幼儿时代和少年时代所受到的教育极其重要。但是，这些并不能决定他们的全部人生。

我在前文中特别提到，家长一定要让孩子感受到爱的温暖。那么，那些没有得到足够爱的孩子，是否就一定会生活得凄惨呢？答案是不一定。在现实生活中，也存在很多这样的例子——一些人尽管小时候曾经遭遇不幸，却拥有幸福美满的人生。

前些天，我偶然看到了一个电视节目，让我再一次感受到了人生的真谛。那是一个帮助参加节目的人寻找失散多年的亲人或者朋友，并且安排他们见面的节目。我看的那期讲的是一个从小被父母抛弃，想要找到自己亲生母亲的女性的故事。这位女主人公虽然在很小的时候被抛弃，可是她顺利地长大了，幸福地组建了家庭。

节目组经过一番周折终于找到了这位女性的母亲。原来，在这位女性还不懂事的时候，她的父母就离婚了，她的监护权被判给了父亲。可是后来，这个父亲却不知为何将她抛弃了。该节目组为了验证两人的血缘关系，甚至还帮她们做了 DNA 鉴定，最终确认两人正是亲生母女。

节目中，打开门的那一瞬间，主持人有些煽情地说：

"这 28 年来，你一定过得非常孤独吧……"

这位女性朋友却这样回答：

"没有啊，我生活得很好，并没有觉得太孤独。虽然我被父母抛弃了，但我仍然感谢他们给予我生命，我仍然会努力生活得更好，你觉得呢?"

她这简短的一席话，突然让我感动得想流泪。母亲离自己而去，父亲又狠心地将自己抛弃，这是多么悲惨的童年啊。可是她却一点儿也不觉得伤心。她通过自己的努力和勇敢，亲手为自己构建了一个美好的人生。

所以，父母的教育方式并不能决定我们的整个人生。

由于各种各样的原因，有些家长可能没有为孩子打好基础，但这也不意味着孩子幸福人生的终结。他完全可以像这位女性一样，过上和普通人一样的美好人生。

从18岁起就是自己的人生了。当孩子到了18岁，家长们就应该放下心中的所有愧疚与芥蒂，放手让孩子去创造自己的人生。家长与其一直忧心自己的教育方式是否有效，整日生活在自责里，不如放下烦恼，给孩子以足够的信任。唯有这样的环境，才不会妨碍孩子走上自立自强的人生之路。

因此，无论过去怎样，请不要继续自责了。不只孩子是带有微瑕的玉，作为家长的我们也是。让我们接受自己不完美的事实吧。不要永远纠结于自己的缺点或者错误的教育方式了。让我们为了孩子，也为了我们自己，勇敢地直面人生吧。

裂缝的水桶

有一个给主人干杂活的小工，他每天都会用扁担担着两只水桶给主人家挑水。

两只水桶中有一只有一点儿裂缝，而另外一只则坚固如新。这只完整的水桶，每次都能将河边打来的水一滴不少地运到主人家里。而那只有裂缝的水桶却从来都做不到。即便小工每次都为它装满水，可是等到了主人家，桶里的水总是只剩下一半。

那只完整的水桶很得意。它觉得自己完美地完成了任务，实现了一只水桶真正的价值。

那只有裂缝的水桶却一直很自卑。它觉得自己没有完成任务，是一只不合格的水桶。

两年后，这只有裂缝的水桶变得更加惨不忍睹，破烂不堪。有一天，小工又在河边汲水的时候，它终于忍不住开口说话了：

"我不是一只好水桶，我真的觉得很惭愧，也觉得很对不起你。"

"你为什么会这么说呢？"小工觉得很诧异。

"我有裂缝，这两年，你每次给主人家打的水都没能完整地送到主人家里，我总是害你漏掉一半的水。你明明那么拼命地干活，却没能得到应有的回报。我真的很抱歉，这都是我不好。"有裂缝的水桶这么说道。

小工一下子觉得有裂缝的水桶真可怜。想了想，他这样答道：

"从现在起，每次我回主人家的时候，你都看一看路边盛开的花吧。那些花开得可漂亮了。"

吊在扁担下面的裂缝水桶，跟着小工上了一个小山丘，它这才注意到路边不知什么时候开始，开满了各种各样美丽的花，那些花在太阳的照耀下正对着自己灿烂地笑着。

这让心情沮丧的裂缝水桶开心了许多。可是回到主人家之后，它发现自己还是一如既往的只装回半桶水，于是又难过起来，再次向小工道起歉来。

可小工却这样对它说：

"你没有注意到路边开着的花都只开在你经过的这一边吗？

"当我注意到你会漏水之后，就想了一个办法。我在你这一侧的路边撒了些花的种子，然后每一天，在我装满水担着你们从河边回来的时候，你都会帮我给它们浇水呢。

"这两年，我每天都会在主人家餐桌上摆上美丽的鲜花，没有一天落下过。正是因为有这样的你在，主人才能心情愉悦地用餐，才能用这些美丽的鲜花装饰他的家啊！"

编后记

 本书是一部家庭读物，叙述了家长面对欲振翅高飞、寻求自由与独立的少男少女时，如何给予关爱，培养青春期的儿女具备自立、自律、责任和规则的意识、能力，从细小之事做起，真正长大成人。本书作者菅原裕子是日本亲子教育专家，从事为企业培养人才的工作。她以自己与母亲相处、受教育，以及抚养和培育自己女儿的经历、心得，结合职业生涯的所思，以母亲的口吻，现身说法，娓娓道来，特别适合儿女初长成的家长阅读。需要指出的是，尽管日本和中国同属儒家文化圈，培养青少年健康成长亦是天下父母共同的责任和愿望，但国家不同，教育理念亦有差异，故对本书所述，应有所鉴别。这一点读者诸君早已知晓，仍在此念叨，乃出版者的责任所在。

图书在版编目（CIP）数据

陪孩子走过青春期 /（日）菅原裕子著；申冬梅译. —— 长沙：湖南人民出版社，2025.7
ISBN 978-7-5561-2780-1

Ⅰ.①陪… Ⅱ.①菅… ②申… Ⅲ.①青春期—家庭 教育 Ⅳ.①G782

中国版本图书馆CIP数据核字（2021）第180062号

SHISHUNKI NO KODOMO NO KOKORO NO COACHING
by Yuko SUGAHARA
Copyright©2007 Yuko SUGAHARA
Original Japanese edition published by FUTAMI-SHOBO PUBLISHING CO., LTD.
All rights reserved
Chinese (in simplified characteronly)translation copyright。©2025 by Beijing Xinchang
Cultural Media Co., Ltd.
Chinese (in simplified character only) translation rights arranged with
FUTAMI-SHOBO PUBLISHING CO., LTD.
through Bardon-Chinese Media Agency, Taipei.

PEI HAIZI ZOUGUO QINGCHUNQI

陪孩子走过青春期

著　　者　[日] 菅原裕子
译　　者　申东梅

出 版 人　张勤繁
统　　筹　傅钦伟
责任编辑　张玉洁
责任校对　丁　雯
责任印制　虢　剑
装帧设计　青空·阿鬼

出版发行　湖南人民出版社［http://www.hnppp.com］
地　　址　长沙市营盘东路3号
邮　　编　410005
电　　话　0731—82683327

印　　刷　长沙艺铖印刷包装有限公司
版　　次　2025年7月第1版
印　　次　2025年7月第1次印刷
开　　本　880 mm × 1230 mm　1/32
印　　张　6
字　　数　113千字
书　　号　ISBN 978-7-5561-2780-1
定　　价　49.80元

营销电话：0731-82683348　（如发现印装质量问题请与出版社调换）